U0732680

知识生产的原创基地
BASE FOR ORIGINAL CREATIVE CONTENT

颉腾商业
JIE TENG BUSINESS

差异化销售

[美] 李·萨尔茨（Lee B. Salz）◎著

祝惠娇 ◎译

SELL DIFFERENT!

All New Sales Differentiation Strategies
to Outsmart，Outmaneuver，and Outsell the Competition

浙江教育出版社·杭州

图书在版编目（CIP）数据

差异化销售 /（美）李·萨尔茨（Lee B. Salz）著 ；
祝惠娇译. -- 杭州 ：浙江教育出版社，2025. 2.
ISBN 978-7-5722-8927-9

Ⅰ. F274

中国国家版本馆 CIP 数据核字第 2024FF5920 号

Title: SELL DIFFERENT!: ALL NEW SALES DIFFERENTIATION STRATEGIES TO OUTSMART,
OUTMANEUVER, AND OUTSELL THE COMPETITION, AUTHOR: LEE B. SALZ, FOREWORD BY
JACK DALY

Copyright © 2021 by LEE B. SALZ.

This edition published by arrangement with Harper Collins Focus, LLC through BIG APPLE
AGENCY, LABUAN, MALAYSIA. All rights reserved.

Simplified Chinese edition copyright © 2024 Beijing Jie Teng Culture Media Co., Ltd.

浙江省版权局著作权合同登记号 图字：11-2024-289 号

差异化销售
CHAYIHUA XIAOSHOU

［美］李·萨尔茨（Lee B. Salz） 著　祝惠娇 译

责任编辑	赵清刚
美术编辑	韩　波
责任校对	马立改
责任印务	时小娟
出版发行	浙江教育出版社
	地址：杭州市环城北路 177 号
	邮编：310005
	电话：（0571）88900883
印　刷	涿州市京南印刷厂
开　本	880mm×1230mm　1/32
成品尺寸	147mm×210mm
印　张	6.875
字　数	143 千
版　次	2025 年 2 月第 1 版
印　次	2025 年 2 月第 1 次印刷
标准书号	ISBN 978-7-5722-8927-9
定　价	59.00 元

业内专家如是说：

《差异化销售》是一部与时俱进的完美之作，为你现在和未来的成功绘制了一张路线图，书中的新策略一定能让你获得丰厚的回报……这是唯一重要的胜利。在《差异化营销》之后，李·萨尔茨的新作将再次为你在新兴销售市场找准定位，让你在竞争中取得成功并保持领先。赶紧购买，好好学习，抓紧执行。

——杰弗里·吉特默

著有《销售圣经》

《差异化销售》的出类拔萃之处就在于它与众不同。这本书介绍的不是另一种需要记忆的窍门、花招或技术，而是可操作、可执行的步骤。它颠覆了销售类书籍一贯以来的写作套路，把重点放在购买体验上。我们作为卖家，必须为买家创造最好的购买体验，销售工作的聚焦点应该是买家，而不是卖家。

——卡罗尔·马奥尼

销售招聘机构 Unbound Growth 创始人

如果你能脱颖而出，为什么还要自甘平凡？认真学习这本书中的概念，你就能脱颖而出，达成更多交易。本书是每一位渴望成功的销售人员的必读书。

——艾丽斯·海曼

艾丽斯·海曼有限责任公司首席销售激励师

终于，你一直以来的苦苦追问都有了答案。在这本书中，李·萨尔茨回答了所有的问题，最重要的是，他用容易理解的方式把答案写了出来。这本书的内容非常丰富，它不是一本只需要读一遍的书，而是今后数月甚至数年都可以使用的资源。

——马克·亨特

"销售猎手"

刚开始阅读《差异化销售》，我就决定把它添加到我们堪萨斯州立大学销售课程的书单中。李·萨尔茨对于如何提高销售业绩的想法是切实可行的。

——道恩·迪特尔·施梅尔茨

堪萨斯州立大学国家战略销售研究所特聘讲座教授、所长

要创造、推进、达成更多交易，你必须与众不同。李·萨尔茨是销售培训大师，他的作品《差异化销售》包含实用有效的销售策略和引人入胜的销售故事，能够帮助你提高销售业绩，让你在竞争中脱颖而出。

——迈克·温伯格

著有《销售就这么简单》《销售管理就这么简单》

在当今的销售环境中，要想从"噪声"中脱颖而出，最好的办法就是采用差异化销售方式。李·萨尔茨的《差异化销售》介绍了销售人员可以即拿即用的具体策略，不仅能帮助你接触到更多买家，赢得更多交易，而且交易的价格由你说了算。

——阿尔特·索布查克

著有《聪明拜访》

显然，我们已经进入了业务增长和商业关系的新阶段，李·萨尔茨的新书《差异化销售》告诉我们如何实现这一转变。有一点尤其让我印象深刻：销售人员比以往任何时候都更需要懂得如何挖掘并利用虚拟销售和远程对话的潜力。

——贝尔纳黛特·麦克莱兰

商务对话学院™

读完《差异化销售》，你就会知道如何让你的销售方式与众不同。差异化销售（至少是李·萨尔茨所说的差异化销售方式）将会帮你把竞争对手远远甩在后面。

——罗伯特·布莱

著有《文案创作完全手册》

不管你卖什么、卖给谁、卖了多久……你都要读一读《差异化销售》，理解和掌握书中的概念，并将其运用到你的销售工作中。如何销售与销售什么同样重要，甚至更为重要。

——南希·纳尔丁

智能销售工具公司创始人

这本书是一部杰作。作者提出了丰富的销售思路，教你如何正确地进行差异化销售，帮助你以理想的价格赢得更多交易。

——迈克·舒尔茨

RAIN 集团总裁，著有《不是今天：造就极致生产力的七个习惯》

《差异化销售》确实令人耳目一新。作者介绍了许多可以立即付诸实施的技巧和方法，每一位销售人员都可以用来提高销售业绩。我强烈推荐这本书，因为它是一部通用的销售冠军指南。无论你从事哪个行业，都应该好好读一读。

——杰哈德·葛史汪德纳

《销售力》杂志创始人兼首席执行官

你的潜在客户正在考虑是向你购买，还是向你的竞争对手购买。如果你想让客户选择你，你应该试一试李·萨尔茨在《差异化销售》中介绍的强大策略，将你的与众不同充分展现出来，最终以理想的价格达成交易。

——安东尼·伊安纳里诺

著有《成交：如何高效转化潜在客户》

如何才能在当今激烈的竞争中脱颖而出？我发现《差异化销售》这本书对此提出了非常清晰的策略。我已经想到了几十个运用这些销售策略的点子。

——洛丽·理查森

销售培训公司 Score More Sales 的 CEO 女性销售职业资源平台 Women Sales Pros 总裁

每年都有众多销售类图书出版，有的昙花一现，有的历久弥新，《差异化销售》显然属于后者。这本书中包含丰富的销售技巧，销售人员可以直接拿来使用。马上用起来吧！

——西蒙·黑尔斯

商务培训咨询公司 SerialTrainer7 国际销售专家和销售教练

销售的世界瞬息万变，李·萨尔茨推出力作《差异化销售》，一如既往地精准把握销售市场脉搏。他在书中阐述了如何通过差异化让自己从众多销售人员中脱颖而出，无论你是销售新人还是销售高手，他提出的策略都可以成为你的制胜法宝。

——拉里·里夫斯

美国内部销售专业人员协会首席运营官

要从《差异化销售》中得到最大收获，你必须首先致力于使自己与众不同。要听取李·萨尔茨的建议，汲取案例的经验教训，将其融入销售工作的每一个环节中。

——安东尼·帕里内罗

著有畅销书《向高管推销》

我是"真诚销售"的长期支持者。在《差异化销售》中，李·萨尔茨通过丰富多彩的故事和案例，论述如何以不违反道德的方式让买家相信你的解决方案是最合适的选择。阅读这部作品真是让我感到耳目一新。

——南希·布里科

著有获奖作品《销售话术》，开发系列课程"真诚销售"

企业高管如是说：

李·萨尔茨为现代销售带来了全新的视角。我喜欢他对销售过程采取的整体方法。他注重结合常识的实用风格使他的概念易于理解，也便于运用到日常销售工作中。从我的亲身经历可知，李·萨尔茨的销售策略在现实世界中是行之有效的——我们已经将《差异化销售》的策略和技巧付诸实践，成功创造出打破历史纪录的销售业绩。既然李·萨尔茨的销售策略能在摩托车行业发挥作用，那么其在任何行业都能发挥作用。

——吉姆·伍德拉夫

北美二手摩托车拍卖平台 NPA 的 CEO

李·萨尔茨的力作《差异化销售》再度引发热议！他创造性地提出与潜在客户建立联系的方法，即根据简单易懂、便于操作的概念发展客户关系，让客户在销售过程中得到被认可、被倾听的舒适感。我曾是销售代表，在销售领域摸爬滚打 15 年之后，现在拥有了自己的物流公司。正因为采用了李·萨尔茨的销售策略，我的团队才能在已经严重商品化的物流行业中脱颖而出。《差异化销售》为我们提供了有效的工具，帮助我们以理想的价格获得高价值的客户。这部作品确实是销售人员的必读书。

——妮科尔·格伦

物流服务供应商 Candor Expedite 的 CEO

我们公司有几百人从事直销工作，李·萨尔茨在《差异化销售》中关于"最难缠的竞争对手"的精彩论述让我们茅塞顿开。我相信，他的真知灼见将会帮助我们的直销人员克服与竞争对手有关的"恐惧因素"。

——杰里·米尔斯

战略咨询公司 B2B CFO® 的 CEO，著有《企业退出策略指南》

《差异化销售》没有什么理论性的说教。我是怎么知道的呢？因为我们已经与李·萨尔茨签订了合同，他已经将书中的策略和概念在我们公司付诸实施。结果如何呢？销售额月月创新高，即便在疫情期间也出现了爆炸式增长。如果你真的希望自己的销售工作取得进展，这本书你不能读完就算，你还要接受它的教诲，并将其付诸实践。

——达里尔·汉考克

资深战略和执行主管

销售人员要想得到买家的关注并在竞争中脱颖而出，不能仅仅依靠产品差异化。他们的销售思路也要独辟蹊径才能增加价值，这意味着他们需要采用差异化销售方式。李·萨尔茨的新书为你提供了实现销售差异化的工具。只要把书中的销售策略运用到你的销售工作中，你就会拥有梦寐以求的销售成功。

——布兰登·斯坦纳

史丹纳体育运动收藏品公司前创始人，新型体育收藏品交易平台
CollectibleXchange 和 AthleteDirect.com 网站创始人

如果你希望你的销售团队从一开始就进展顺利，那么一定要让他们读一读《差异化销售》。与众不同并不能保证你比别人更优秀，但李·萨尔茨这次是站在客户的角度，从客户重视的价值出发，教你如何实现差异化。把李·萨尔茨传授的策略用起来吧！只有成为客户心目中独一无二的销售团队，你才能取得出类拔萃的销售业绩。

——蒂姆·雷特拉克
全球智能电壁炉生产商 Hearth & Home Technologies 贸易营销和销售培训副总裁

《差异化销售》包含许多行之有效的销售策略。我见证了我们的销售团队通过实施李·萨尔茨的策略进一步开发现有客户。毫无疑问，面对瞬息万变的销售环境，采用差异化销售策略将为你带来独一无二的竞争优势。

——戴夫·基尔希
全球黏性包装材料厂商 Shippers Supply 总裁兼 CEO

李·萨尔茨在《差异化销售》中提出的策略激发了我们进行变革的灵感，使整个销售团队的面貌焕然一新。我们公司能成长为澳大利亚数一数二的 IT 分销商之一，很重要的一个原因便是采用李·萨尔茨的销售技巧。他的销售技巧十分通俗易懂，而且便于付诸实践，成功地帮助我们将销售团队的业绩从优秀提升到卓越。他的教导不仅让我们公司取得了长足的发展，而且激励我们的销售团队真正享受销售的过程。

——西奥·克里斯托尔斯
澳大利亚 ICT 产品经销商 Leader Systems 的 CEO

《差异化销售》这本书将会永久地改变你的销售业绩。我和李·萨尔茨的一个共同客户已经实施了他提出的很多销售策略。自实施这些策略以来，这位客户便开始在竞标中无往不胜，中标率近百分之百。李·萨尔茨的策略确实很有效！

——芭芭拉·韦弗·史密斯

战略销售和业务开发公司 The Whale Hunters 创始人兼 CEO

《差异化销售》介绍了销售人员如何借助定位、心态和行为方面的微妙变化，开启尚未开发的重要增长机会。这本书的问世可谓恰逢其时，因为现在所有负责销售的高管都希望重新设计和调整销售管理战略，以适应日新月异的市场环境——现在正是我们专注于"技能训练"并提升技能的最佳时机。

——马克·克努雷克

路博润先进材料公司销售与营销负责人

李·萨尔茨曾经以《差异化营销》的真知灼见激励了无数销售从业人员。现在，他以新作《差异化销售》再次一鸣惊人！在新作中，李·萨尔茨简明扼要地介绍了一系列销售策略，结合所有销售团队都需要精通的关键概念，手把手教你如何持续地打败竞争对手。如果你的目标是按照你的交易条件赢得更多订单，这就是一本帮你实现目标的作战手册。

——香农·比比

雄威钢铁美国股份有限公司销售高级副总裁

《差异化销售》是一本专为希望掌控赚钱能力的销售人员准备的权威作战手册。无论你所在行业的竞争有多么激烈，你的成败归根结底取决于你如何销售，而不是销售什么。李·萨尔茨提出了在销售中屡试不爽的有效策略。销售成功的关键在于采用差异化销售方式。别担心，差异化销售不会带来更多的工作，反而会减少工作的时间、异议和压力。

——凯文·希尔

Put That Coffee Down 播客节目主持人兼货运行业媒体 FreightWaves 执行出版人

我们小联盟棒球赛事十分注重客户体验，培养忠实球迷。在《差异化销售》中，李·萨尔茨揭开了使购买体验与众不同的秘诀。借助他的方法，我们将球迷转化为满意的会员，使他们带着灿烂的笑容回到赛场观看下一季赛事。

——苏珊·萨维奇

萨克拉门托河猫棒球队大股东

《差异化销售》是李·萨尔茨献给销售世界的一部极具实用价值的新作！人们只会购买自己认为有价值的东西，因此卖家应该主动出击，向买家展示价值、传递价值，而不是被动防御，与买家的异议争论不休。李·萨尔茨提出的销售技巧、窍门和见解，卖家可以马上付诸实践，并取得立竿见影的成效。

——威尔·弗拉蒂尼

营销大数据公司 ZoomInfo 销售总监

我和李·萨尔茨相识已十五年有余。顶尖专业销售人员无论在任何市场都能所向披靡，其背后有何秘诀，每个销售培训师都有自己的看法，而我的观点和李·萨尔茨的观点最为接近。即便如此，我也是读了他的《差异化销售》才知道，原来我们都在新泽西州长大，我们的家乡距离很近，仅相隔几英里[①]而已。看来，我们的观点如此相似，兴许也有水土相近的缘故。当然，我和李·萨尔茨的观点相似，归根到底还是与我的背景有关。从 26 岁到 46 岁这二十年间，我作为企业家，成功地把六家初创公司发展壮大，使之成为全国性公司。这六家公司的销售业绩都迅猛增长，在鼎盛的时候，我手下规模最大的销售团队曾经达到 2600 人。从那以后，我开始到全球各地授课，将经过市场检验的销售系统和流程传授给各类公司和销售人员，帮助他们打败竞争对手。这正是我俩所见略同的关键所在！在李·萨尔茨的《差异化销售》中，读者将会找到帮助销售人员在当今市场上取得成功的各种工具。在早期作品《差异化营销》（*Sales Differentiation*）的基础上，《差异化销售》是李·萨尔茨

---

① 1 英里 ≈1609 米。

推出的又一力作。能为这样一部实用有效的销售指南作序，我感到十分荣幸。

《差异化销售》介绍了各种各样贴合现实的具体行动，其中很多都可以在阅读后立即付诸实施。我敢肯定地说，大多数销售人员都没有采取这些行动。也就是说，如果你采取了李·萨尔茨详述的行动，你的销售业绩和个人收入就一定会有所提高。你的销售方法将会比竞争对手更聪明、更灵活，你的产品也会比竞争对手更畅销。销售是一个扎根于经市场验证的销售系统和流程的职业，李·萨尔茨在销售领域深耕多年，深谙销售职业成功的精髓，这部作品便是最好的证明。我经常说，"大多数公司的经营都比不上职业运动队"，因为职业运动队有自己的作战手册，运营有章有法，成员训练有素。在《差异化销售》中，李·萨尔茨提出了很多真知灼见，你可以直接拿来使用，打造出自己的销售作战手册。

书中很多内容我都非常喜欢，其中包括：

- 主动开发客户的流程。
- 充分挖掘推荐的作用。
- 向委员会销售的有效方法。
- 试点项目的最佳实施方法。
- 万无一失的电子邮件策略。
- 让"价格"问题不再成为问题。

在这本重要的作品付梓之际，全球经济正面临着疫情的挑战。因受疫情的影响，许多企业需要转变销售方式，转向虚拟销售。在本书中，李·萨尔茨为我们绘制了一张虚拟销售成功的路线图，将很多人眼中的苦差事轻松化为竞争优势。

最出色的销售人员认识到，要取得销售成功，更重要的是提出正确的问题，而不是精心制作最好的"推销"。在本书中，李·萨尔茨不仅总结了一系列有效的问题供我们参考，还设计了实战练习，帮助我们在销售这个关键环节上做得更出色。

我们很多人都面临着一个巨大的挑战：如何让感兴趣的潜在客户放弃目前的供应商，转而与我们建立新的合作关系？对许多人来说，留在"已知"之地是更安全的做法。不用担心，李·萨尔茨也探讨了这一点，他提出的应对流程应该纳入每个公司的销售作战手册。

在阅读《差异化销售》时，我发现我和李·萨尔茨还有另一个共同点：我们都是电视剧《法律与秩序》（*Law & Order*）的狂热粉丝。如果你们也在追《法律与秩序》这部剧，你们应该知道，剧中故事的核心是发现的过程。我和李·萨尔茨之所以是这部剧的忠实观众，是因为我们都喜欢经历发现的过程，都想看看我们是否能解开谜团。在很多方面，这与我们从事销售时要做到的事情十分类似：在销售过程中，我们要发现潜在客户的痛苦和快乐，并以此为依据给他们提供帮助。在《差异化销售》中，李·萨尔茨手把手地教我们如何完成这个过程。我们要做的就是行动起来，开始进行"差异化销售"！

杰克·戴利（Jack Daly）
销售培训师、CEO 教练、亚马逊畅销书作者

致我的孩子杰米、史蒂文和戴维

如果我希望你们从我身上学到一样东西，那就是我对家人的重视。家人给予你们无条件的爱，支持你们的事业，帮助你们长大成人。家人是你们的根基，是你们的依靠。无论发生什么事情，家人都永远伴你们左右，给你们力量。

我喜欢看到你们相互扶持的样子。希望你们永远对彼此不离不弃！

致我的妻子莎伦

如果没有你，我将一事无成。
感谢你让我成为最好的自己。

致我的父母约瑟夫·萨尔茨和迈拉·萨尔茨

无论我做什么事情，你们都一如既往地支持我。感谢你们！

致我的妹妹玛洛·萨尔茨

有一个像你这样的妹妹，是每个人梦寐以求的福气。你真了不起！

致我的岳父母保罗·珀什斯和盖尔·珀什斯

谢谢你们支持我的事业。

CONTENTS | **目录**

| 引 言 |

如何以理想价格赢得更多订单
—— 我的灵感来源

很多图书都可以助你一臂之力，让你的销售事业更上一层楼。当你考虑阅读《差异化销售》时，你可能会问自己："为什么要阅读这本书？"

阅读这本书只有一个理由：你要学习如何才能**以理想的价格赢得更多订单**。在当今世界，市场竞争之激烈前所未有。在竞争对手之间，产品和服务的大同小异同样前所未有。无论在任何销售市场，不管是面向企业、消费者，还是面向政府做销售，情况都是如此。

尽管市场竞争激烈，但企业老板和高管对麾下销售人员的期望仍然居高不下，不但要继续保持利润，还要获得新客户。但是，产品和服务之间的差异已经如此微小，你如何才能以理想的价格赢得更多订单？

解决办法就是采用更聪明、更灵活的销售方法，使你的产品和服务比竞争对手更畅销。为了达到这个目的，《差异化销售》的每一章都阐述了一些具体的策略、技巧和战术。这本书与你销售的产品、服务或技术无关，只与你的销售方式有关。

我可以向你承诺：读完《差异化销售》之后，只要你将书中介绍的新方法付诸实践，就能以理想的价格拿下更多订单。

差异化灵感

经常有人问我，我对差异化的热情是从哪里来的。故事要从 1986 年说起。那时候，我还是一个生活在新泽西州马尔伯勒的少年，我们家有一个叫戴夫的朋友，他给了我一份暑期工作。他想到了一个创意十足的生意点子，请我为他工作。

他要开创一项干洗上门取送服务。戴夫自己没有干洗店，但他从人们往返洗衣店的交通问题中发现了一个发展业务的机会。他与本地的几家干洗店签订合同，由干洗店负责衣物清洁工作，他来负责衣物取送，雇我做他的司机。

在那些日子里，我所在的城市没有一家干洗店提供取送服务。戴夫跟我描述这个机会时，我能感受到他对赚钱的渴望，他的眼睛里仿佛闪着美元的符号，兴奋之情溢于言表。

除了想拿薪水，戴夫的商业理念也引发了我的兴趣。他发现了一个问题（时间管理），然后把问题转化为一个商业机会。他认为，我们镇上的人都太忙了，平时清洗衣服要送到干洗店，清洗完了又要从干洗店取回来，他们不想这么麻烦。洗衣服是人人都需要做，但不一定想花时间做的事情。

他设想了一种额外服务，客户除了要支付干洗费，还要支付一笔额外的交通费。当时 17 岁的我对这项业务能不能成功感到非常好奇。"人们会为这项服务支付更多的钱吗？"我心里琢磨着。

我当然希望他们愿意多付钱，这可是我的暑期工啊！

戴夫的销售策略是成功的关键。他没有试图说服人们相信他的干洗服务比其他的更好。相反，他针对他们的问题提供了一个解决方案。他告诉潜在的客户：他们不必亲自跑干洗店，衣柜里也可以随时有干净的衣服穿，非常方便。在需要一件礼服衬衫或一条裤子的时候，却找不到干净的衬衫或裤子，大多数人对这样的窘境都能感同身受。戴夫提出，他们要做的非常简单，只需要把装满脏衣服的洗衣袋放在门口就行，我们会上门来取走并送到洗衣店，洗干净后我们再送回来。

人们是否会选择这项服务呢？这个问题很快就有了答案。如果留在本地工作，或者家里有人把衣物送去干洗，那么他们就体会不到这项服务的价值，因为他们并不觉得去干洗店是一件难事。对他们来说，这项服务不值得那个价格。

然而，马尔伯勒有很多商务人士在纽约市上班，需要在两地之间通勤。那时候，商务人士上班都需要穿西装，但他们每天单程通勤的时间就超过两个小时，所以他们非常珍惜这项干洗上门取送服务，有些人甚至恨不得是他们想出了这个生意点子。这项业务取得了成功，我当然非常高兴，因为我在那个夏天也小赚了一笔。

三条销售经验

事实上，我的那份干洗上门取送工作并不仅仅是一份暑期工，我从中还学到了很多关于购买行为的知识，并总结了三条重要的销售经验。直到今天，我仍然在帮助客户将这些经验落实到销售工作中。

1. 在人们做出购买决定时，价格不是首要的决策因素。首要的决策因素是价值。如果人们看到了你销售的东西的价值，他们就会以你希望的价格购买。作为销售人员，你有责任向他们展示这种价值。

2. 要了解你的目标受众。你销售的东西可能不是每个人都感兴趣的，干洗上门取送服务就显然不是。销售人员要弄清楚谁会看到他们销售的东西的价值。只有清楚谁是目标受众，你才能避免把时间浪费在无望的客户身上。对于这部分客户，你也许永远无法拿到他们的订单，就算你最终能够拿到，订单的价格也不是你想要的价格。

3. 明确你的业务的与众不同之处及其意义。如果不同之处没有意义，那就不会有人看到产品的价值。差异化的方式有很多，成功的商人永远不会停止寻找差异化机会的脚步。拥有差异化优势很重要，但更重要的是，要让买家和你一样对你的差异化优势充满热情。如果你的热情无法成功地传递给买家，那么买家的决策最终只会归结为一个因素：价格。

差异化营销

那份暑期工激发了我对差异化营销的热情。随后，经过几十年的努力，我终于形成了一套完整的策略并逐步加以完善。在早先出版的《差异化营销》一书中，我已经介绍了这套策略。该书分为两个部分，前半部分讲述的是使你销售的产品与众不同的策略。每一章都能帮助销售人员识别差异化优势，制定沟通策略，以有意义的方式向买家展示差异化优势。

该书的后半部分讲述的是使销售方法与众不同的策略。这部分深入分析了新客户获得流程的各个阶段，探讨如何为客户提供竞争对手无法提供的重要价值。根据差异化营销策略，探讨**销售什么**和**如何销售**的核心目标，就是帮助你以理想的价格赢得更多订单。

在《差异化销售》中，我对"如何销售"的差异化策略进行了拓展。就算你没有读过《差异化营销》，也能理解《差异化销售》。

如果你购买了有我亲笔签名的《差异化营销》，你可能已经注意到我在上面还题写了"差异化销售"，因为那时我就知道我会再写一本书来探讨这个话题。这也是我在社交媒体上发布的所有涉及《差异化营销》的帖子都带有 #selldifferent 的话题标签的原因。虽然带有话题标签看起来可能是一种营销举措，但我这样做其实是为了激发你对销售方式的思考，激励你去寻找更多差异化优势，而不局限于产品差异化。现在，你不必再寻找了，我将教你如何以理想的价格赢得更多订单。

让我们开始吧！

第1章

以独特的购买体验为客户创造惊喜

我的儿子史蒂文在刚读高中的时候就加入了学校棒球队。他不但棒球打得出色，学业表现也非常不错，保持着相当高的平均绩点。虽然他确实是很有天赋的棒球运动员，但没有人预料到他竟然在升毕业班那年暑假就得到了大学棒球队的青睐。

那年夏天，史蒂文入选了我们城市的美国退役军人棒球队，跟随球队参加了一个青少年业余棒球锦标赛，比赛吸引了美国中西部地区几乎所有大学的棒球教练前来观战。在为期一周的比赛中，史蒂文打出了四支全垒打、三支二垒安打的优异成绩，成为锦标赛最热门的大红人。这是他人生中最恰逢其时的高光时刻，因为他的出色表现全部被那些大学棒球教练看在眼里，他们之所以前来观看这次锦标赛，目的就是要为自己的大学球队物色有天赋的棒球运动员。

很快，很多大学开始给史蒂文打电话，邀请他前去参观校园，其中有七所大学都向他热情地伸出了橄榄枝。我们知道，几个月后他将面临一个艰难的抉择时刻。无论他选择哪一所学校，他都可以读他喜欢的专业，每所学校的地理位置都符合他的要求，学费也相差无几。史蒂文将如何选择呢？

困境还是机会

如果你经历过大学运动员的招募过程，你就会知道，招募运动员就是一种销售。教练要向运动员推销他们任职的学校，但要在众多学校中脱颖而出，他们却需要面对一个巨大的限制条件：他们无法使自己的学校跟其他学校区分开来，因为学校的专业、宿舍、校园都是固定资产，他们无法增加某个专业，也不能建造宿舍，或者把校园迁到别的地方去。唯一能让他们发挥创造性的方法是采取一个与众不同的购买体验策略，即为客户创造别具一格的购买体验：不是使产品差异化，而是使购买过程差异化。只要销售人员采取这种策略，将重点放在买家而不是卖家身上，他们就可以创造出超越竞争对手的巨大机会。

很少有大学棒球教练会把自己称为销售人员，但在招募学生运动员的时候，他们就是销售人员。我称他们为销售人员只是工作需要，绝没有否定他们的意思。教练的任务是组建一支由优秀球员组成的球队，这个任务成功与否的关键在于他们的招募工作是否成功。优秀球员是很受欢迎的，要说服他们选择自己的学校，教练需要应对大量来自其他学校的竞争。

我们很多销售人员也陷入了同样的困境。在通常情况下，我们销售的产品与竞品都非常相似（甚至相同），我们根本没有机会让自己的产品与众不同。但是，我们的销售必须成功，而且必须以理想的价格达成交易。

房地产经纪人卖的房子也无法差异化。市场上的房屋库存是固定的，任何一个房地产经纪人都可以卖，房地产经纪人之间就是竞争对手，但他们无法使自己销售的产品差异化。既然房地产经纪人卖的都是同样的房子，那么人们为什么会选择这个房地产经纪人，而不是另一个呢？

另一个例子是人力资源行业的销售人员，他们同样无法使自己的推销差异化。他们推销的"人员"是任何一家人力资源服务公司都可以提供的。销售人员可以说他们手上的人员比竞争对手的人员更优秀，但谁会相信呢？既然所有人力资源服务公司都在推销同样的"人员"，那么人们应该如何选择呢？

这是一个难以抉择的销售困境。或者我们要问：这真的是困境吗？事实上，这是许多销售人员未能利用的机会，至少是还没有充分利用的机会。他们将大部分精力用在差异化自己销售的产品上，却忘记了**使购买体验与众不同**也可以让他们在竞争中脱颖而出。就像销售人员一样，有些大学球队教练十分擅长利用与众不同的购买体验策略，成功招募到非常优秀的学生运动员，而有些教练不懂得采用这种销售策略，结果在招募竞争中一败涂地。

你是唯一

你有没有发现，当你去参观一所大学时，一进入校园，血压就会马上飙升？要找一个不会被开罚单或被拖走的停车位，简直就像大海捞针。本来你是热情高涨的，但是一到达就遇到停车难题，你的心情马上就变得烦躁起来。

我们参观的一所大学却另辟蹊径，运用一个与众不同的"购买"体验策略来解决停车难题。当我们把车开进哈姆林大学（Hamline University）的停车场时，迎接我们的是一个预留停车位，旁边立着一个牌子，上面写着史蒂文的名字。看到这个牌子的那一刻，我们面面相觑！学校此举无疑吸引了我们的注意力，我们的脸上也露出了笑容。如此体贴的做法，会给人留下多么美好的第一印象啊！

我们进去参观大学，棒球队主教练吉姆·魏安特（Jim Weyandt）接待了我们。他递给我们一份当天的行程表，上面写着我儿子的名字。从参观的第一刻开始，这位教练就给我们带来了与众不同的"购买"体验。他创造了让我们忍不住赞叹的"惊喜"！

哈姆林大学为这两件事花了多少钱？几乎微不足道。因为这两个微小而周到的策略，这所大学让我们觉得史蒂文是它招募的唯一运动员。当然，事实并非如此，但我们受到的招待让我们产生了这种感觉。

魏安特教练介绍了他的策略：

我特别能理解运动员和他们的家人在招募过程中感到的焦虑。我会采取一些策略，希望能给他们留下美好的第一印象和最后印象，使他们减少焦虑，而且感到自己很特别。停车标志和日程表是我们的策略之一，目的是给他们创造强烈的第一印象。我还特意在参观结束时与每个运动员及其家人见面，解答他们的疑问，消除他们可能出现的任何顾虑。我采取第一印象和最后印象策略，就是希望每一个参观我们学校的运动员都感到自己是独一无二的，这也是我们能够吸引优秀人才的一个重要原因。

销售人员和他们的公司同样可以采用魏安特教练所说的策略。我们往往埋头于日常工作中，忘记了要让每一个决策影响者（decision influencer，DI）都感到自己是独一无二的。决策影响者是指对购买你的产品的决策过程产生影响的人。在本书中，"决策影响者"和"买家"这两个词可以互换使用。

要利用好购买体验策略，销售人员需要让每一个决策影响者都感到自己很特别。没有人喜欢感觉自己像个数字，客户都希望感到自己特别重要、备受重视。通过创造别具一格的购买体验，销售人员就可以实现这一点。

但是，没有多少高管和销售人员从购买体验入手，设计别出心裁的销售策略。然而，这种策略可能是以理想的价格赢得更多订单的关键。如果你无法差异化你销售的产品，这种策略就尤为重要。在缺乏差异化优势的情况下，价格是主要的决策因素。当然，如果你是业内的低价供应商，那么确实是一个好消息。

大多数新客户获得流程都是为了得到一个明确的结果——以理想的价格拿下订单。当然，这个预期结果是正确的，问题出在流程的设计上。在设计新客户获得流程时，大多数设计思路往往是从卖方角度出发的，很少有人考虑买方的观点。要想利用好购买体验策略，新客户获得流程的设计也需要考虑到决策者的观点。至于决策者的观点是什么，我们可以问问自己：

"在购买过程的每个阶段，我能做些什么既能让我与竞争对手区分开来，又能让我的买家觉得有意义？"

你和买家的每一次互动都为你创造了一个使用购买体验策略的机会。有一个最好的消息是，你的竞争对手可能完全没有考虑过这个角度。所以，你要充分利用好他们的漏洞。

购买体验策略的运用方法有很多，协和大学圣保罗分校棒球队主教练的做法就是其中之一。

运用购买体验策略的三个要点

协和大学圣保罗分校是另一所有意招募史蒂文的学校。它也是运用购买体验策略的高手，只是它的方法与哈姆林大学的不一样。

棒球队主教练马克·麦肯齐（Mark McKenzie）曾是体育指导主任，他邀请史蒂文参加一次校队训练，近距离观察他们的棒球项目，这也是运动员招募过程的一部分。当在休息区时，校队球员们的表现让史蒂文觉得自己像个名人一样。他们一个接一个地走到他面前，向他做自我介绍，与他进行交谈。

麦肯齐介绍了该校的招募方式：

作为一所二类大学，我们想要争取优秀人才，不仅要和同级别的其他二类大学竞争，还要和一类大学竞争。其他学校可能比我们拥有更多资源，但没有学校能比我们的教练组表现得更加真诚。

我们的招募方法基于这样的认识：我们招募的人才不仅是一个球员，也是某个人的孩子。有了这种心态，在设计招募体验的时候，我们教练组考虑的是：如果那是自己的孩子，我们希望他们得到什么样的体验。

正是这个认识基础让我们形成了运动员招募过程的核心理念：让每个人都觉得自己很特别，真诚对待每个人，热情回应每个人。同时做到这三个要点，我们就跟其他大学区分开来，这也是我们在招募优秀人才时的竞争优势。

麦肯齐教练分享的并不只是一个招募优秀运动员的温馨故事，还是一个所有销售人员都应该运用到工作中的重要经验。

多年来，我采访过很多买家，询问他们与销售人员打交道时会产生的挫败感。他们抱怨得最多的有三点：销售人员没有让他们感到自己很特别，对待他们不真诚，而且对他们没有回应。麦肯齐教练所说的三个取胜要点也可以成为你取胜的关键。

> 让决策影响者和客户都觉得自己很特别，真诚地对待他们，热情地回应他们。

做到这三个要点不需要你差异化你销售的产品，也不需要你或你的公司花费一分钱。你的公司乃至你的销售经理都不需要为你做任何事情，你今天就可以把这三个要点付诸实践。你的销售业绩是由你自己决定的，现在你马上就可以改变销售方式，充分发挥购买体验策略的作用。让决策影响者和客户都觉得自己很特别，真诚地对待他们，热情地回应他们。只要你实施好这三个要点，你的销售额将会一飞冲天，完成销售任务更是不在话下。

你从麦肯齐教练的陈述中可以看出，他是从"买家"的角度来思考招募过程，而不仅仅是从他自己的立场出发。他邀请招募对象观看训练，让他们沉浸在大学的文化氛围之中，使他们觉得自己仿佛已经加入球队一样。他知道，亲身体验有助于"买家"做出明智的决定。

汽车行业是几个善于利用购买体验策略的行业之一，新车销售人员更是精于此道。他们销售流程的第一步就是让你进行试驾，他们希望你能体验到拥有这辆车的感觉。试驾结束后，你回到展厅，他们会仔细观察你的表情，如果你面带微笑，他们就会知道你喜欢这次驾驶体验。通过让你坐在驾驶座上，而不是带你经历整个销售过程，销售人员为你创造了一种购买体验。

家居行业是另一个例子，顶尖家具销售人员都会利用购买体验策略。他们所做的不只是向买家展示一张沙发，而是请买家坐在沙发上，让买家和家人坐在一起聊天，就像在自己家里的客厅一样。想想大多数家具销售展厅的布局，与其说那是一排排的沙发，不如说它们被战略性地摆放成在客厅中的样子。这就为家庭客户创造了一种购买体验，让他们可以感受一下沙发在自己家里怎么摆放，其他家具摆在客厅里会是什么样子。

软件行业也是如此，顶尖软件产品销售人员不只是向买家展示产品。他们会让买家在他们的指导下使用产品，这也是购买体验的一部分。因此，买家可以亲自体验这些软件工具，了解购买产品可以带来什么样的好处。

真实性

奥格斯堡大学（Augsburg University）是另一所想招募史蒂文的学校。我们拜访这所大学的那天恰好是个雨天。大学的棒球主教练基思·贝特曼（Keith Bateman）让史蒂文在我们到达后给他发短信。不久之后，一群助理教练打着伞来到停车场迎接我们，带领我们来到大学棒球队。

贝特曼教练并没有马上带我们参观大学，而是坐下来跟我们一起喝咖啡，与我们讨论史蒂文在学业和棒球方面的抱负和愿望。然后，贝特曼教练亲自带我们参观校园，而不是安排一位招生顾问代劳。那天，他花了将近四个小时和我们在一起，他让史蒂文觉得自己仿佛已经是棒球队的一分子。

参观结束后，史蒂文和教练似乎每周都会通过短信和电话交流。后来，贝特曼教练再次邀请史蒂文参观校园，这次是与几位球员共进晚餐并观看一场女子排球比赛。

史蒂文被奥格斯堡大学录取了，但他被录取的消息并不是从邮寄信件中得知的，而是贝特曼教练亲自打电话告知的。在电话中，他跟史蒂文说："欢迎你入读奥格斯堡大学。"史蒂文激动地接受了这份录取通知！

我去采访贝特曼教练，询问他的招生方法。我也把我们在评估大学时的"购买体验"告诉了他。经过交流，我发现，我们在招募过程中所经历的一切都不是偶然的，每一种体验都是刻意准备的。奥格斯堡大学是一所三类大学，三类大学在招募优秀运动员时都面临极其激烈的竞争。因此，贝特曼教练觉得，他要设计一个让学校脱颖而出的招募方法。他讲述了自己的策略：

> 我们的招募方法总体而言可以用一个词来概括：真实。这个词说起来很容易，但需要用心接受，才能真正做到。
>
> 我不会把我和球员的相处看作一个只持续四年的合约。对我和我的教练组来说，我们和球员的关系将会延伸到他们的家庭，而且会持续到未来40多年。

真实意味着我必须与每个球员建立关系，使彼此之间产生信任。而且我认识到，我与每一个球员建立关系、产生信任的方式都必须有所不同。我在招募过程中做这些事情并不只是为了让球员同意入读奥格斯堡大学。真实不是一种策略，真实就是我的为人，我希望我的教练组也是如此。

　　我为与球队的每个球员建立关系而感到自豪。他们过生日时，我会给他们打电话。在节假日，他们也会收到我的祝福。他们知道，如果他们在课堂上遇到问题，与队友闹矛盾，或者在生活中遇到任何困难，他们都可以来找我，我会随时给他们提供帮助。我和球员们之间的故事，不用我说，他们也会主动跟招募对象分享，这些事情对想来加盟的运动员来说确实很重要。

　　在招募过程中，沟通是我们的重要策略。在招募期间，招募对象每隔7～10天就会收到我们的信息。我们这样做的目的不是逼他们做出决定，而是要了解运动员，同时让他们了解我们。沟通并不会随着招募过程的结束而结束，沟通是我们真实性的一部分。我相信，沟通是关系发展的基石。

　　去年，我带棒球队去古巴参加一次棒球体验活动。由于美国和古巴的关系比较紧张，这次旅行不允许家长陪同参加。但是家长们对我非常信任，都同意让他们的孩子参加这次旅行。对于这种信任，我绝对

> 不能轻慢。如果不是我们一如既往地保持真实，我们就不可能带整个球队去古巴。
>
> 我感到非常自豪的是，我和我的教练组凭着真实性与球员建立了牢固的关系。正是因为我们的真实，潜在球员才选择了我们这所大学。

在韦氏词典中，"真实性"一词的定义是"真诚的品质"。贝特曼教练的购买体验策略是一种基于真实性的关系发展。三类大学招募优秀球员的竞争极其激烈，但他运用购买体验策略来吸引球员加入他的球队，出色地完成了招募任务。

新客户获得流程很少突出关系发展，但关系发展恰恰是购买体验的关键内容。事实上，关系发展是正确设计购买体验带来的结果。然而，大多数新客户获得流程只包括销售人员要提的问题和需要告知买家的信息。很少有销售人员会问问自己：

"在新客户获得流程中，我可以做些什么来与我的买家建立牢固的关系？"

贝特曼教练用他的招募方法告诉我们真实性在销售中的重要性。那么，销售人员如何才能对买家做到真实呢？正如贝特曼教练所说，必须发自内心。如果销售人员把自己的钱包置于客户需求之上，那么他们的销售一定会失败。顶尖销售人员知道，把客户的需求放在自己的需求之前是他们取得成功的关

键，这一点在运用购买体验策略时变得尤其明显。

顶尖销售人员知道，把客户的需求放在自己的需求之前是他们取得成功的关键。

人们往往从自己喜欢、信任、认为真诚的人那里购买产品——这句话我相信你已经听过无数遍。正如贝特曼教练所说，真实"说起来很容易，但需要用心接受，才能真正做到"。

贝特曼教练还提到，主动沟通是他取得成功的一个关键策略。他不会等着招募对象给他打电话，他会主动与他们联系，对每一个有意加盟的球员表现出真正的兴趣。在沟通这个问题上，销售人员也很纠结。许多人害怕给买家发送电子邮件或者打电话，因为他们觉得那会给人一种"只想推销"的印象。如果你的做法表现出真实，那么你就永远不会让人产生这种印象。除非你有一些能让买家认为有意义、对购买体验有帮助的东西，否则你不会打电话或者发电子邮件。

只是一个数字

有趣的是，在大学招募季开始之前，上述学校都不在史蒂文的考虑范围。他列了一张有意入读的大学名单，一开始在名单上排首位的大学，在招募季结束时却排到了末尾。他喜欢那所学校的校园，但像魏安特、麦肯齐或者贝特曼教练为他所做的事情，那所学校的棒球教练一样都没有做。那位教练只靠学校的品牌来吸引球员，据说他有意让史蒂文加入他的球队，但他的行为并没有传达出这个信息。其他学校的教练让史蒂文觉得自己是独一无二的，而这位教练让史蒂文觉得自己不过是一个数字。

就像那位教练一样，在为买家创造购买体验的问题上，销售人员有时也会偷懒。他们依靠一个强大的品牌或者一个伟大的产品来帮助他们取得胜利。这个方法在某些时候可能会奏效，但这并不是销售人员的功劳。就算没有销售人员，这个方法在某些时候也一样会成功。

从吃"牛排"得到的成功启示

我们住在明尼苏达州。在我们家附近有一家叫匹兹堡蓝（Pittsburgh Blue）的牛排餐厅。我和莎伦喜欢去那里吃牛排。牛排味道非常好，但这并不是我们经常光顾这家餐厅的唯一原因。如果想吃牛排，仅仅是在匹兹堡蓝餐厅坐落的那个十字路口，我们就有六家餐厅可以选择。这样的竞争够激烈了吧？

每一家餐厅都能烤出美味可口的牛排，但我们还是一次又一次地光顾匹兹堡蓝餐厅。如果你认为这是因为价格，那么你就错了。在那个十字路口的六家餐厅中，匹兹堡蓝餐厅的价格是最贵的。

我们经常光顾的原因是匹兹堡蓝餐厅有一位名叫萨拉的服务员。每次我们订座，我们都要求坐到萨拉负责的区域。她记得我和莎伦最喜欢的饮料，我们刚坐下不久，她就会把饮料送过来。她记得我们的名字，甚至记得我们晚餐通常会点什么菜。她很热情、很友好，也很细心。最重要的是，她理解我们为什么会去那家餐厅。我们想吃一顿轻松的、没有打扰的晚餐，而她为我们创造了这样的用餐体验。

有几次，牛排没有按照我们的要求烤制，但每次她都迅速做了补救。在发生这种情况的时候，她甚至还为我们准备了免费的甜点，让我们感到十分惊喜。没有什么生意是完美的，但错误也给了你闪耀的机会。犯了错不要惊慌，这不是世界末日。在大多数情况下，犯错不会让你失去客户，反而会给你创造机会，你可以借此让客户知道，你很在意他们，你会纠正错误。这些都是购买体验的一部分，而你的任务正是为客户创造不一样的购买体验。

在此，我给你提出一个挑战：为买家创造与众不同的购买体验，使他们愿意以你想要的价格向你购买，而不是向竞争对手购买。以下是 10 个给买家创造与众不同的购买体验的机会，其中大部分将会在本书的后续章节中得到探讨。

1. 在接触潜在客户时选择恰当的方法。

2. 在调研会议之前发送信息，让他们获得价值。

3. 通过提问和信息共享推动调研会议的议程。

4. 在调研会议之后给客户发送回顾邮件，帮助他们做出明智的购买决定。

5. 进行小组演讲和产品演示，使之具有信息性、参与性和互动性。

6. 如何通过口头方式把解决方案告知买家。

7. 如何设计提案，把解决方案解释清楚。

8. 处理试点/试验项目的方法。

9. 如何编排合同的结构。

10. 制订客户激活计划，帮助客户顺利过渡为你的客户。

现在，把这本书暂时放在一边，拿出纸和笔，写下你认为能使买家的购买体验真正与众不同的三个机会。你要选择竞争对手没有使用的方法，这样你的销售才能比竞争对手更聪明、更灵活，你才能打败竞争对手。

本书中的概念之购买体验

真诚地让每一个买家感到自己很特别，仿佛他是唯一的决策影响者。

| 第2章 |

向竞争对手学习

我最喜欢问销售人员的一个问题是："**谁是你最难缠的竞争对手？**"我曾向世界各地的销售人员提出过这个问题。然而，没有一个销售人员给出过正确答案。

大多数销售人员很快就说出三个名字，认为那些就是自己在本行业最难缠的竞争对手。我告诉他们："我相信这些都是强有力的竞争对手，但还有一个更棘手的。"

有些销售人员觉得我问的是一个脑筋急转弯问题。他们想起多年前从销售培训师那里学到的东西，然后大胆地猜测："你是说，最难缠的竞争对手是现状，即选择什么都不做吗？"现状当然是一个难缠的竞争对手，但还有一个更难缠的。

有几个销售人员认为，最难缠的竞争对手就是他们自己。他们说："如果我没有强大的心理，我就会变成我自己最大的敌人。"确实如此！如果没有正确的销售心态，你就会成为限制自己成功的因素。但你最难缠的竞争对手并不是你自己。

有一个人甚至比其他任何竞争对手都更难缠、更可怕。我刚才已经说过，对于"谁是你最难缠的竞争对手"这个问题，没有一个销售人员的回答是正确的。真正的答案会让你感到震惊，但它不会让你对自己的销售情况感到更乐观。事实上，它将会使你感到不舒服——这倒是一件好事，不管你信不信。如果你知道谁是你最难缠的竞争对手，你就可以采取必要的行动将其打败。

那么，谁是你最难缠的竞争对手呢？

是每一个跟你一样给同一个买家打电话的销售
人员。

在思考竞争问题时，我们往往以自我为中心；我们只从自己的角度来考虑问题。现在，让我们转到决策影响者的一边，从他们的角度来思考这个问题。你要打电话联系的决策影响者，他们的工作涵盖其职位的所有职责，每天都会有各种销售人员给他们打电话、发邮件。每个销售人员都在推销同样的东西："一次会面。"他们都跟你一样，希望能与决策影响者通电话，或者进行面对面的交谈。

坏消息是：你要与之竞争的，不是本行业的少数几个销售人员，而是给这位决策影响者打电话的数百个销售人员。

假设你要销售应用软件开发服务，你给一位首席信息官打电话。除了你，肯定还有其他人销售应用软件开发服务，这一点我们暂且不论。现在，想一想这位首席信息官的全部职责。他每天都会被电话和电子邮件淹没，除了你所在行业的其他销售人员，电信业、硬件供应商、软件供应商等行业的销售人员也会给他打电话、发邮件。在数以百计的销售人员中，有多少人最终能够与他会面呢？也许有几个吧。

还有一个你可能不知道的事实：

纵观商业史，企业聘请高管从来都不是为了让他们准时整点地跟销售人员会面。

没有哪位高管会坐在办公桌旁，盯着自己的手机，希望接到销售人员的来电。

从来都不是！没有哪位高管会坐在办公桌旁，盯着自己的手机，希望接到销售人员的来电。让我们面对现实吧：我们只是高管工作的干扰事项。决策影响者肩负很多职责，他们只会跟少数销售人员会面。

在销售领域，我们要注意一种重要的动态关系：如果没有会面，就没有提案；如果没有提案，就没有销售；如果没有销售，就没有提成。这是一种非常合乎逻辑，但又很可怕的动态关系。如果你想在竞争中脱颖而出，顺利得到与高管会面的机会，你需要运用一个与众不同的客户开发策略。

客户开发策略"已死"，果真如此吗

有些销售人员认为，客户开发策略已经不再奏效，只会浪费时间。可能你也属于这一类销售人员。也许你觉得："高管们不会从主动接触他们的人那里采购。唯一有效的渠道是人际关系网和推荐。"人际关系网和推荐确实是有效的整体业务拓展战略的一个重要组成部分，对此我没有任何异议，但仅靠人际关系网和推荐还不够，你还需要运用其他策略。开发客户的工作不能忽视，而且必须认真地去做，这一点我们将在第 14 章进行深入讨论。

RAIN 集团是一家备受推崇的全球销售培训公司。该集团曾经面向高管进行了一项有趣的调查，其中一个问题是：高管们是否曾经与主动接触他们的销售人员会面。在讲课的时候，我喜欢让大家猜一猜肯定回答的百分比。有人喊道："6%！"有人猜测只有 15%。其他人觉得这个比例太低了，坚持认为是 38%。

根据调查结果，这些猜测都是错误的。正确答案是 82%！82% 的高管说，他们曾经与主动联系他们的销售人员会面。所以说，客户开发策略仍然有效，所有销售人员在拓展业务时都应该使用这个策略。

关于客户开发策略的争论

开发客户的方式有很多，其中最常见的是直接给决策影响者打电话。根据我的经验，90% 以上的电话都不会联系到决策影响者，只会转到他们的语音信箱。

销售人员对语音留言有不同的看法。大约有一半的人强烈主张在客户开发阶段不要发语音留言，另一半人则坚信语音留言是正确的做法。我真的很喜欢在销售会议上看到这样的辩论。以我的年龄，这样的辩论会让我想起20世纪80年代著名的米勒淡啤（Miller Lite）广告标语[1]。在广告中，双方都狂热地坚持自己的观点，一个人说："味道浓郁（Tastes great）！"另一个人反驳说："不易饱腹（Less filling）！"你想不想在下一次销售会议上也乐一乐？那就问问销售团队，他们对在客户开发阶段发语音留言有什么看法。他们的辩论真的很有趣，因为他们都对自己的观点充满激情。

认同在客户开发阶段应该给潜在客户发语音留言的销售人员，他们的做法却经常让我感到困惑。他们坚信要发语音留言，但很少有人事先撰写留言文字稿。如果没有事先计划好语音留言策略，你发送的语音信息往往含混不清，"嗯嗯、啊啊"等无意义的废话多于内容，对销售工作没有什么帮助。

在通过语音留言主动接触客户时，你还需要思考一个问题。比方说，你刚才由于沉浸于阅读本书，有一个电话没接到。

设想一下，你查看了语音留言，发现其中一条留言说："我要给你一万美元，给我回电话吧！"如果你跟我的大多数学员一样，你就不会回这个电话。

如果这条留言说："我可以帮你把手机话费账单减半，给我

---

① 美国米勒（Miller）公司推出 Miller Lite 产品，即清淡的啤酒。这类啤酒味道清淡，但喝起来没那么快有饱腹感，也没有那么容易醉倒，可以饮得多，所以很受美国人欢迎。米勒公司用的创新广告标语是 "tastes great, less filling"（味道浓郁，不易饱腹），此标语主要聚焦在 "不易饱腹" 上，用来攻击 dark beer（即色深而味浓的啤酒）。但 dark beer 一直强调 "味道浓郁" 来还击它。这个广告词就成了美国人的口头禅，用来比喻无聊的争论。——译者注

打电话吧！"你会打这个电话吗？我猜想可能不会。

如果是："我可以帮你把利率降低 5%，让我们谈谈吧！"你可能也不会给这个销售人员回电话。

这里有一个很大的问题：销售人员要在语音留言中说些什么，才会让决策影响者回电话？

在以上假设的情景里，一位销售人员说要给你一笔可观的资金，这并不奏效。有两位提出要降低你的成本，你也没有给他们回电话。那么，销售人员要说些什么，才能让你给他们回电话呢？

销售人员要在语音留言中说些什么，才会让决策影响者回电话？

在销售领域有一个不幸的事实：销售人员给决策影响者发送语音留言，只有在一种情况下才有可能收到回电——机缘巧合的意外情况。你留下了一个语音信息，碰巧提到了决策影响者在那一刻正在烦恼的事情。例如，你是卖屋顶材料的，而我刚发现我家屋顶漏水，那么我就会想打电话和你谈谈。除此之外，收到回电的可能性非常小。

现在，你可能认为，我是反对在客户开发阶段发语音留言的。如果你这么想，那你就错了。我非常赞成在客户开发阶段发语音留言，但我认为我们需要改变对语音留言的认识，采用更有效的客户开发策略。

我们要接受这样一个事实：他们是不会回电的。去掉回电这个可能性，回电是不会发生的事情。甚至在语音留言中，你也要说："我不指望你会给我回电话。"有多少销售人员会在语音留言中说这样的话？很少！这就是与众不同，所以很有吸引力。你当然不期待回电，但你仍然留下你的联系信息。

发语音留言时，你留下的信息需要达成两个关键目标：

- 引发兴趣。
- 阐明这次联系的来龙去脉。

你要用留言信息激发决策影响者的兴趣，使他对你的来电产生想法。

RAIN 集团的调查还揭示了通过主动接触获得会面机会的秘诀：个性化。如果是普通的、不真实的推销宣传，买家一听到就会察觉。任何形式的主动接触都是如此，不仅仅是语音留言。在《差异化营销》中，我提出了销售"罪行推定法"，并创造了一种确保质量的方法。运用这套方法，你就能在客户开发阶段脱颖而出。根据销售"罪行推定法"，在与客户接触之前，你首先要问自己一个问题："为什么他现在要和我交谈？"根据你对这个问题的回答，你可以为自己的客户开发工作设计一个富有创意的策略。

客户开发工作的节奏

客户开发工作既要保证质量，也要保证数量，这是取得成功的关键。在保证质量方面就是我之前提到的个性化。同样重要的是保证数量。有研究数据显示，销售人员接触新客户的数量是不够的，具体数据你已经看过很多遍了，在此我不想赘言，相信你已经明白我的意思。但这些研究只是说明你要做更多尝试，并没有告诉你如何去做。接下来，我会介绍一个保证数量的客户开发策略，帮你解决如何联系到决策影响者这个难题。

第一步是转变思维方式，改变你对客户开发的认识。开发客户不是一次事件，而是一个活动。成功的客户开发活动就是在一段时间内采用一些创造性的技巧去接触特定的决策影响者。

我会教你开展一次为期四周的客户开发活动，活动的目标就是接触和吸引决策影响者。我们假设，在一次客户开发活动开始之前，你已经有了一个接触的理由（销售"罪行推定法"）。如果你主动联系的唯一目的就是销售，那就不要浪费自己的时间，也不要浪费他们的时间。那是不可能的，你会马上就把他们吓跑。

虽然一次客户开发活动持续四周，但其实只有 16 个步骤。研究表明，周一联系新客户取得成效的可能性很低。因此，如果你是销售新手，请不要在周一联系新客户。

我们会使用多种技巧，包括打电话技巧。想提高电话联系到买家的平均成功率，不被转去语音信箱吗？那就不要在工作时间给他们打电话。在上午 9:00 至下午 5:00 之间，高管们往往一个会议接着一个会议，在这段时间内你几乎不可能联系到他们。你要在工作时间之前和之后打电话，这样可以增加联系到他们的机会，而不是被转去语音信箱。

另外，在活动启动之前，你要准备好语音留言的核心内容。以下是语音留言信息策略取得成功的操作要点：

- 在核心部分留出空间，使留言信息个性化。

- 留言持续时间不应该超过 30 秒。因此，要避免使用那些没有意义的填充词。例如，假设我留言说："嗨，菲尔。我是销售规划师公司的李·萨尔茨。我希望你今天一切顺利。"最后一句话浪费了三秒钟，这句话是没必要的。我向你保证，这位陌生人肯定不相信我会在乎他今天是否一切顺利，所以我也不会浪费宝贵的几秒钟说这句话。

- 在留言之前，你要先练习一下，而且要多练习几次。熟练流畅、一气呵成的留言可以创造一种积极、专业的形象，这正是你想要塑造的电话形象。

- 留言要说得像打电话一样有活力，避免语气平淡无力。你要激起买家的兴趣，这样他才会产生与你交谈的想法。因此，你说什么内容很重要，但更重要的是如何说。在第 5 章中，我将会进一步探讨塑造电话形象的重要性。

除了语音留言，客户开发策略还包括发送电子邮件。要准备一份包含核心内容的电子邮件模板。以下是电子邮件信息策略取得成功的操作要点：

- 要注意电子邮件的主题行。如果没有吸引人的主题行，决策影响者就永远不会打开和阅读你的电子邮件。

- 在核心部分留出空间，使邮件信息个性化。

- 邮件内容不应超过两段。因此，你要避免使用不必要的、没有任何意义的词语。
- 邮件的焦点是他们，而不是你、你的公司或你的产品。如果你只谈论你自己，你的邮件就跟他们收到的数以百计的其他邮件没什么不同。聚焦于他们，说明你采用了差异化销售方式，你就可以脱颖而出。

现在，用于主动接触客户的语音留言、电子邮件和现场联系材料大多已经打磨完成，你可以开始进行一次为期16天的客户开发活动，通过实施具体的步骤，解决客户开发工作的数量问题。

16天客户开发活动策划

第1天：发送一封个性化的电子邮件，引发兴趣。邮件应该介绍此次主动接触的背景以及联系的原因（销售"罪行推定法"）。请确保邮件内容的焦点是对方，而不是你。

第2天：给他打电话，告诉他你给他发了电子邮件，如果你没能联系到他，则留下语音留言。

第3天：换一个不同的时刻给他打电话，但不要留言。

第4天：今天不要联系他。

第5天：给他打电话，告诉他你给他发了电子邮件，如果你没能联系到他，则留下语音留言。

第 6 天：把第一天发送的电子邮件转发给他，并添加内容，进一步激发兴趣。同样，所添加内容的焦点是他，而不是你。如果有技术支持，可以发送视频邮件。

第 7 天：换一个不同的时刻给他打电话，如果你没能联系到他，则留下语音留言。在留言中告诉他你何时会再次打电话。

在此介绍一个制胜法宝！把你再次打电话的日期和时间用日历邀请发送给她。在大多数电子邮件系统中，当你发送邀请时，无论收件人是否接受，邀请信息都会出现在收件人的日历中。利用日历邀请来联系潜在客户确实是一个极其聪明的方法，但我自己不敢居功，因为发明这个方法的人不是我，而是丽莎·蔡斯（Lisa Chase）。她是最懂寻找潜在客户的大师，日历邀请是她一直在使用的方法，效果非常好！我能认识她是我的荣幸。这些年来，我见过她在不同的公司和行业使用这种方法。她的新客户总是源源不断，因为她手中掌握了很多开发客户的制胜法宝，日历邀请便是其中之一。

第 8 天：在预定的时间给他打电话，如果你没能联系到他，则留下语音留言。

第 9 天：今天不要联系他。

第 10 天：给他发一份领英（LinkedIn）邀请，附上你在第六天发送的电子邮件内容。

第 11 天：换一个不同的时刻给他打电话，如果你没能联系到他，则留下语音留言，告诉他你何时会再次打电话。把你再次打电话的时间用日历邀请发送给他。

第 12 天：在预定的时间给他打电话，如果你没能联系到他，则留下语音留言。

第 13 天：今天不要联系他。

第 14 天：换一个不同的时刻给他打电话，但不要留言。

第 15 天：换一个不同的时刻给他打电话，如果你没能联系到他，则留下语音留言，告诉他你何时会再次打电话。把你再次打电话的时间用日历邀请发送给他。

第 16 天：在预定的时间给他打电话，如果你没能联系到他，则留下语音留言。

看完这个活动策划，有些人可能觉得有点儿咄咄逼人，甚至过于咄咄逼人。但我们可以换个角度想一想。其他销售人员也想接触这个决策影响者，但他们只尝试几次就放弃了。如果你坚持不懈，运用那么多创造性的方法去接触他，他就会认为，你一定有非常重要的事情要跟他谈。结合销售"罪行推定法"策略，这份客户开发活动策划能够极其有效地帮助销售人员顺利与决策影响者建立联系并开启对话。读者们不妨试一试！

在活动结束时，如果你仍然没有与他建立联系，那么在接下来三个月内都不要给他打电话，把他的名字暂时放在"死档案"中。你没有联系到他，但你已经努力尝试过，所以你不会感到遗憾。你的行动可能对这个人不起作用，但如果你接触每一个决策影响者都按照这份活动策划来执行，你的整体成功率应该会不断攀升。

通过运用这些创造性的接触技巧，你与你想寻访的对象建立联系的概率会激增。在竞争对手只会做一些蹩脚的尝试时，如果你已经充分利用了更加有效的客户开发策略，那么你就赢了！

本书中的概念之客户开发

成功的客户开发策略必须两面兼顾，既要保证质量，也要保证数量。

| 第 3 章 |

从数据中寻找客户机会

戴维去年的销售工作做得非常出色，他的业绩远远超出以往创下的纪录。为了感谢他的优异表现，公司决定给他一个"奖励"：将他今年的销售任务增加30%。现在，他必须拿到比去年更多的订单才能完成任务。他要寻找更多新客户，可是去哪里找呢？

销售目标肯定是一年比一年高的，我们对此已经习以为常。"无论你去年完成了多少，我们的销售目标都要增加。"这句话是大多数公司都奉行的准则。销售任务增加对销售人员来说是一个非常大的挑战，但是做企业就得如此。公司没有维持现状的选项，要么成长，要么消亡。销售增长的挑战给高管、销售经理和销售人员提出了一个问题：我们去哪里发展新业务才能实现想要的增长？

明确你想要什么样的客户

如果可以把让你赚钱的客户放在复印机里，按一下复印键，客户就能复制出来，那么你的日子一定能过得很滋润。那简直是太棒了！按一下复制按钮，奇迹就发生了：公司的客户清单马上增加了一个让你赚钱的新客户！遗憾的是，在销售领域，客户是不可复制的。

寻找更多让自己赚钱的客户是销售经理和销售人员心目中的头等大事。销售经理会在会议室里召开关于找客户的头脑风暴会议，销售人员则到各地搜寻新客户。为了找到更多能让他们赚钱的客户，他们到处参加贸易展和会议；他们也会在网上寻找。

我们把业务开发当作一项挑战，但业务开发不必搞得那么困难。

在本章中，我将分享一个你可能从未听说过的业务开发策略。运用这个与众不同的业务开发策略只有一个目的：帮助你找到更多让你赚钱的客户。

你可能已经注意到，"更多让你赚钱的客户"这个说法在本章中反复出现，这是为了强调。在大多数情况下，最大的客户并不是最让你赚钱的客户。公司维持一些大客户是有原因的，也许大客户的业务就是公司存在的根基。然而，你可能不希望再来一些这样的大客户。有些大客户的定制要求非常复杂，你并不想大量提供这样的定制服务。其他大客户可能只带来较低利润或者有其他不太理想的特质。

你要寻找的新客户应该与你公司的目标客户档案一致。在《差异化营销》第6章，我介绍了目标客户档案的9个组成部分。

- **规模**。任何能够帮助你正确界定销售机会的量化数据，包括客户的收益额、员工数量、部门数量等。

- **位置**。客户的地理位置在你要集中投放销售力量的区域。

- **业务类型**。客户从事业务的所属行业类型（见北美产业分类体系代码）和业务架构（是公营还是私营）。

- **现有合作方**。即客户现有的供应商清单，这些供应商的产品质量和服务配套都不如你。

- **条件或目标**。可以通过回答以下填空题来加以明确：我们的目标客户存在_____问题，他们希望_____，并且/或者达成_____目标。

- **决策动因**。决策动因是促使客户考虑补充当前解决方案或者替换当前供应商的因素。

- **公司属性**。从公司属性可以看到客户的企业 DNA，包括财务状况和企业文化。

- **采购流程**。看看客户的采购方式和你展示产品价值的方式是否一致。

- **一票否决因素**。这是你不希望目标客户出现的情况，比如付款拖拉、公众形象差、位置超出营业区域、索要回扣或者其他让你不想与之做生意的情况。

根据目标客户档案选择合适的客户，把资源用在正确的销售机会上。如果你还没有目标客户档案，那就现在开始制作！没有目标客户档案，销售人员就无法有效地将本章的业务开发策略运用到销售工作中，就可能会去争取永远无法达成的交易，白白浪费了时间、金钱和资源。

我把这份档案称为"目标客户档案"，而不是"理想客户档案"，是出于一个非常重要的理由。如果称之为"理想客户档案"，言外之意就是有一个千载难逢的机会。如果万事俱备，对公司来说就是一个完美的机会。然而，"目标客户档案"向销售人员传达的信息不一样。其言外之意是，这是我们希望一直争取的客户类型。对于这一类客户，我们所期望的不是偶尔能拿下，而是要优先投入时间去努力争取。销售团队的重点任务就是围绕目标客户档案开展销售工作。

业务开发策略

要利用好这个与众不同的业务开发策略，第一步，你要列一张客户名单，把让公司最赚钱的十个客户列出来。如果可以，你甚至希望可以用复印机把这些客户快速复制出来。如前所述，他们可能不是你最大的客户，但根据你自己的定义，他们是让你最赚钱的客户。

第二步，确定你的公司里哪一位人员与客户公司里最高级别的决策影响者关系最密切。如果是典型的 B2B 销售，这位决策影响者很可能是最终拍板跟你签合同的人。如果是企业对消费者（B2C）销售，他往往是在新客户获得流程中与你互动最多的人。

第三步，让团队里与决策影响者关系最密切的销售人员与决策影响者进行现场对话。注意，我说的是"现场对话"。在这种策略下，通过电子邮件和短信进行"对话"是无效的。与决策影响者的现场对话应该通过电话或者当面进行。

对话是这样进行的：

"杰米，你已经是我们多年的客户了，你对我们的产品、我们的质量已经很熟悉了。我可以问你一个问题吗？

如果你是我……

你会主动加入什么协会，

参加什么会议，

参加什么活动，

阅读什么书籍，

才能认识更多像你这样的人？"

我将以上对话称为"如果你是我"业务开发策略。业务开发就像学校里的开卷考试，我们不需要猜测去哪里可以找到更多让你赚钱的客户。我们需要做的是利用我们最宝贵的资源——我们现有的客户，来获得答案。只要你开口问，你就会得到答案！

在对话中，你不是要求买家推荐，不是请求买家做你的证

对话的唯一目的是让你信任的买家代入你的位置，给你一些见解和建议。

明人，也不是追加销售或者交叉销售你的产品和服务。对话的唯一目的是让你信任的买家代入你的位置，给你一些见解和建议。

请注意，你并没有问他们具体参加什么会议或者读什么书。具体信息一点也不重要，他们可能没有预算去参加会议或者加入协会，可能也不喜欢阅读。你想要的，只是他们的建议，仅此而已。

对话中一定要包括"认识更多像你这样的人"这一句，因为这句话迎合了决策影响者的自尊，表明他非常重要。而且这句话也向他传达了你希望与之发展关系的意愿。正因为如此，我们才必须在开展这类对话之前建立目标客户档案。如果你不清楚谁是"让你赚钱的客户"，你就不可能找到更多这样的客户。

设想一下，你向一个首席信息官提出"如果你是我"的问题，他可能知道哪些协会、会议和活动值得参加，哪些毫无用处，也可能告诉你应该阅读什么方向的书籍。

如果你向业主销售安全系统（B2C 销售），"如果你是我"策略就是了解从哪里找到新客户的好方法。业主可能会建议你参加一些业主会议或者社区活动，还有一些社区新闻简报也要读一读。如果你不向他们提出这个问题，你就只能猜测哪里可以找到新客户。既然开口提问就可以知道正确的方向，为什么还要猜呢？

在这个问题上，客户是非常好心的，甚至好心到让你感到

惊讶。从根本上说，人们都喜欢帮助别人。助人是我们的天性，只是我们不会总是主动提供帮助。有时候需要别人提出请求，我们才会去帮助。你从他们那里得到的见解往往也会丰富得令人惊讶。最好准备好纸笔，因为你的客户将会跟你分享大量的信息，你需要做一下记录。

提问时要提及具体的线索，这是业务开发策略充分发挥作用的关键。因此，我在设计问题时会特别提到协会、会议、活动、书籍等线索。这些线索构成提问的背景，可以帮助买家快速过滤掉不相关的信息。

提问时要提及具体的线索，这是业务开发策略充分发挥作用的关键。

借助这一策略，你可以获得找到让你赚钱的客户的新思路、新方法，甚至可能找到你以前从来不会考虑的新客户。更重要的是，现有客户可以帮你验证你正在思考或者已经实施的想法，让你避免犯下代价高昂的错误。

实施结果

"如果你是我"业务开发策略的"平均击球率①"是 1.000。我并没有夸大其词，在我的客户里，只要在业务开发过程中运用了这一策略，没有一个是空手而归的。接下来我将分享我最喜欢的两个成功故事。

---

① 平均击球率是棒球术语，用来检测运动员击球的成功情况。据统计，棒球运动员的击球率一般在 0.266 左右，如果能达到 0.3，就会被认为相当优秀。——译者注

有一位我辅导的客户，我要求他的销售团队在两周内跟 10 个客户发起"如果你是我"对话。两周后，就在我跟客户打电话了解最新情况之前，客户手下的销售经理给我发了一封向我表达歉意的邮件，邮件上说："因为忙于其他重要事务，我们只跟 4 个客户完成了对话。"在邮件中，他附上了一份文件，介绍了他们与客户对话的结果。这份单倍行距排版的文件有 4 页长，全部内容都来自与 4 个客户的对话，仅仅是 4 个客户而已！这已经很成功了，他完全不需要感到抱歉。

在打电话沟通最新进展时，那位销售经理告诉我，他现在叫停了对话工作，暂时不进行这样的对话。他们已完成与 4 个客户的对话，从中获得了太多有价值的信息，所以，他们想把这个方法正式纳入自己的业务开发策略，作为一种常规策略与客户进行咨询对话，获得更多信息。

我也给我辅导的另一位客户布置了这项任务。他在两周内与 7 个客户完成了"如果你是我"对话。根据这些对话的内容，他给我做了 45 分钟的新进展汇报，分享了他在与客户互动时所了解的一切。

通过与客户的互动，他发现他家后院旁边竟然有一个技术委员会，而他之前连这个委员会的存在都不知道。他的客户说："如果你愿意，下次我们技术委员会开会时，我可以带你去看看。"他当然愿意！通过这次机会，他最终跟十几位首席信息官见了面，并向他们介绍产品。在那之前，他一直想方设法跟这类高管见面。他也采取了各种传统的探访方式，但一直不得其门而入。

有一次，他亲自和客户进行了一次"如果你是我"对话，公司的 CEO 也在旁边。这位 CEO 当时还不知道这个新策略。在对话快结束时，他用"如果你是我"问题向客户提问，让这位 CEO 佩服得五体投地！那天晚上，这位 CEO 给我发了一封简短的电子邮件：

"李·萨尔茨，这正是我过去 15 年的职业生涯中一直欠缺的提问。感激不尽！今天终于看到了，我差点哭了，真是叹为观止。"

这个策略是奏效的！最妙的是，你的公司将其付诸实施要花多少钱呢？零！不需要花一分钱，只需要投入一点儿时间，你就能得到丰富的信息，使你的业务开发高歌猛进，一飞冲天。

如何处理收到的建议

把开展"如果你是我"对话的任务交给销售团队，给他们两周时间来完成全部任务。然后按照以下步骤来处理收到的建议：

> 1.召集销售团队开会，团队成员汇报与客户对话的结果。管理团队也要参加会议，他们应该听一听来自客户的业务开发建议。

2.在会议上制定一份建议汇总清单，重点标注多个客户都提到的建议，重复的建议应该得到更多关注。

3.针对建议制订一个责任明确、时限清晰的行动计划。

4.每隔30天重新召集销售团队开会，跟进最新进展。

"如果你是我"策略不是一个一次性的举措，你可以将其纳入客户管理和业务回顾计划。而且，你要将这个策略仅用于你想复制的客户。此外，有了明确的目标客户档案后，你还可以对行业伙伴使用这个策略，因为行业伙伴具有敏锐的洞察力，比较了解你想要的信息。

当然，你也可以选择忽视这个策略，继续像孩子们玩"蒙眼钉驴尾"游戏一样，蒙着眼睛寻找客户。但你何必如此呢？在销售领域，只是一味地努力工作是没有回报的，只有有效的工作才会有回报。

本书中的概念之业务开发

"如果你是我"策略通过利用已有的客户关系，帮你找到更多让你赚钱的客户。

| 第 4 章 |

轻松又赚钱的差异化客户策略

在互联网繁荣期间，我受聘于华盛顿特区附近的一家技术培训公司，负责管理公司的课程销售团队。销售团队分为三个小组，分别负责企业、政府和"转行者"三个市场。鉴于技术的快速发展，市场上出现了巨大的技能缺口，非技术行业人员便有了进入技术领域的机会，成为技术培训公司的潜在客户，我们称之为"转行者"。

负责企业和政府市场的销售团队通过探访现有客户来开辟业务，但负责"转行者"的销售团队无法采用这一方法。于是，我们在《华盛顿邮报》周日版的就业栏打广告，吸引潜在客户主动联系，产生销售线索。线索量的多寡完全取决于我们在报纸上打广告的位置，如果广告出现在头版上半页，广告效果就会非常好，"转行者"销售团队就会收到大量的销售线索。但有些时候，《华盛顿邮报》的头版上半页甚至整个头版都没有可用的广告位。只要遇到这种情况，我们接下来一周的销售线索量就会直线下降。

如果头版上半页没有广告位，我们就只能在其他版面打广告。每当遇到这样的周日，我都害怕周一早上去办公室。在我到达之前，一群销售人员就已经排队等在我的办公室门口，准备向我抱怨这周的广告位置不佳，销售线索量肯定会严重不足。这是为接下来一周的惨淡销售表现打预防针呢。他们会说："销售线索那么少，我们的销售目标怎么可能实现呢？"

虽然我的办公室门口挤着一大群销售人员，但销售团队里也并非每个人都跟他们一样来找我抱怨。玛丽亚和托尼就从来没有出现在"抱怨群体"中，他们俩是我麾下业绩最好的销售人员。仔细想想，这两位业绩最好的销售人员从未抱怨过销售线索量，其销售业绩也持续再创新高。然而，他们的同事却跑来找我，让我做好无法达成销售目标的心理准备。当然，销量不佳肯定是公司的错，绝对不是他们的问题，至少他们就是这样说的。

与其他销售人员相比，玛丽亚和托尼对销售线索的获得有不同的看法。在他们看来，从《华盛顿邮报》得来的线索只是"肉汁"，是次要的，而他们的主要线索来源，也就是"肉"，是客户推荐。加入"转行者"销售团队六个月之后，他们的销售线索就已经完全自给自足了。当其他销售人员还在为那一周的广告位置烦恼抱怨时，玛丽亚和托尼已经通过一个与众不同的客户推荐策略成功建立自己的销售业务。而且，在六个月之后，他们仍然是我麾下业绩最好的销售人员。

另一个值得深思的地方是玛丽亚和托尼与转行者客户的合作方式。其他销售人员认为，他们与客户的关系是交易性质的，甚至谈不上一种关系，因为他们只是想把一个销售线索转化为一次交易。只要交易完成，他们就马上转到下一个销售线索，这个销售线索也是公司（而不是他们自己）创造的。

玛丽亚和托尼没有采用这种方式对待客户。他们意识到，面向转行者的销售工作要取得成功，他们需要采取一个与众不同的客户推荐策略。根据这种销售策略，销售人员和客户之间不仅仅是交易关系。一个想转行的人前来了解我们的技术培训课程，心里一定会有很多忧虑。要知道，参加培训课程要支付7000 ～ 10 000 美元的费用，而且没有贷款或者补助。参加培训需要投入大量时间，而大多数转行者都已成家立业，平时要全职上班，照顾家庭。此外，培训课程学起来还有一定的难度。有相当数量的客户已经开始学习培训课程，但是由于时间无法保证或者课程要求严格，最终还是未能学完全部培训课程。

玛丽亚和托尼理解转行者的心情，有针对性地对销售方法做出相应的调整。他们真正关心客户的成功，只有客户完成培训课程且入职技术行业，他们才会庆祝胜利。正是这种对待客户的方式使他们获得了源源不断的推荐线索。其他同行所做的不过是把培训课程卖给一个个消费者，玛丽亚和托尼却通过与客户建立有价值的关系创造出一份后劲十足的销售业务。

业务开发准则

我们当然可以从玛丽亚和托尼的故事中总结出很多销售经

验，但我尤其希望你们能认识到特别重要的一点，那就是：如

如果你把一条线索只视为一次潜在销售，那么你最多只能得到一次交易。

果你把一条线索只视为一次潜在销售，那么你最多只能得到一次交易。这也是我讨厌"关单"这个词的众多原因之一。"关单"意味着销售过程的终结，此后再也没有什么可做的了。如果你把一条线索视为一种关系的开始，你就可以（而且一定会）得到多次交易。顶尖销售人员都十分认同我提出的一条"业务开发准则"：

每一笔交易都必须带来两笔交易。

对销售人员来说，这是一条能彻底化腐朽为神奇的准则，能够对销售产生复合效应。在顶尖销售人员看来，签下一份合同不仅仅是拿下一笔交易，还意味着双方建立合作关系的开端，未来还可能获得更多收益，这种收益的表现之一就是客户推荐。我在上一章分享的"如果你是我"策略实际上也是业务开发准则的具体应用之一。

为什么客户推荐很重要？因为客户推荐线索转化为交易的速度和比率超过任何其他线索。这是一个无可辩驳的事实，我相信你也知道。客户推荐线索之所以能达到高转化率，主要是因为信任。在决策过程中，买家必须想办法验证销售人员提供的信息。如果销售人员是买家信赖的信息来源推荐的，比如家人、朋友或同事等，那么买家验证起来就容易得多。全球营销情报公司 IDC 调查发现，73% 的高管喜欢与熟人介绍的销售人

员合作。主动推荐绝不是一个"可有可无，有也不错"的线索来源，它应该是你"必须具备"的线索来源！

你有没有想过客户为什么要做你的推荐人？不仅因为你卖给他们的产品，还因为他们购买时获得的体验。如果销售人员只顾向买家推销，不考虑买家的购买体验，甚至耍手段操纵买家购买，那么，不管产品有多好，买家都不会提供推荐线索。没有多少销售人员会思考客户推荐背后的"为什么"。买家的购买体验将会直接影响他们是否会把其他潜在客户介绍给你。

销售人员在拿下订单后，一方面，他们会为获得新客户而感到兴奋；另一方面，他们又会为销售管道日渐贫瘠而感到恐惧。这条"业务开发准则"让销售人员不再喜忧参半。在顶尖销售人员看来，拿下一笔订单不仅意味着做成一笔生意，还意味着获得了一个创造更多销售机会的工具。

是一个问题还是一项活动

推荐线索分为两种，一种是被动的，一种是主动的。**被动的推荐线索**是公司或销售人员没有付出努力就得到的推荐线索。一个对产品感到满意的客户遇到一个对产品感兴趣的人，便把销售人员的联系方式告诉了他，他就与销售人员联系，询问产品的情况。

主动的推荐线索是公司和销售人员想方设法付出行动才获得的推荐线索。对于销售人员积极寻找这类推荐线索的过程，我称之为"主动寻找推荐线索活动"。主动寻找推荐线索的销售人员是有的，但数量并不多。每当我让销售人员分享他们获得的推荐线索，他们分享的大部分是被动的推荐线索。专门开展主动寻找推荐线索活动的情况是相当罕见的。有句古话说得好："如果你不问，你就得不到。"

把寻找推荐线索视为一项活动，而不只是一个问题的答案。

把寻找推荐线索视为一项活动，而不只是一个问题的答案。顶尖销售人员不会把寻找推荐线索仅仅视为一个要提出的问题，问完了还要在方框里打钩确认。在他们看来，寻找推荐线索需要制定正确的策略。他们采用的客户推荐策略实际上是一项开发潜在客户的活动。假设今天，你向一位买家请求推荐，她会与你分享她今天知道的信息。在接下来的几个月里，她会认识更多的人，你认为那时候她还会记得你提出的推荐请求吗？我敢打赌，在你提出请求的几分钟后，她就忘了这件事。

寻找推荐线索需要定期向客户请求推荐。既然如此，那么问题就来了：应该间隔多长时间向客户提出一次请求？这个问题的答案完全取决于你和客户之间的关系和沟通频率。如果你每周都与客户交流，每次交流都请求推荐，那么肯定会破坏双方的关系。向客户请求推荐的频率应该是每季度最多一次。那么，如何记住你最后一次请求推荐的时间？下一次应该在什么时候？这是寻找推荐线索活动的管理问题，用客户关系管理系统（CRM）来安排任务和记录活动可以达到最好的效果。

请求客户推荐的唯一时间

我最喜欢问销售人员的一个问题是：可以向客户请求推荐的唯一时间是在什么时候？

有些销售人员说是在签订合同的时候，有些说是在订单交付的时候，还有人认为是在方案实施之后。这些回答都是意料之中的猜测，但都不是正确答案。在客户关系中，只有一个时间是适合请求推荐的：

你可以请求推荐的唯一时间，就是在你赢得请求推荐的权利的时候。

这种"赢得权利"的时候是视情况而定的。在某些情况下，有些人可能从来没有在你这里花费过一分钱，但因为你为他们提供了巨大的价值，你赢得了请求推荐的权利。有些购买关系已经持续多年，但销售人员仍然没有赢得请求推荐的权利，这样的情况我也见过。

对于"什么时候"请求推荐，销售人员是可以完全控制的。如果在销售产品之外，销售人员还努力为买家提供价值，那么他们就能迅速缩短赢得权利的时间线。

请求推荐

赢得请求推荐的权利对我们来说很重要，但我们也需要仔细考虑如何提出请求。想一想以下情况：

在两间并排的小学教室里，两位教师分别为各自班里的学生讲授了同一堂课。两位教师的授课都同样熟练，课堂也在同一时间结束。

在课堂结束时，第一个班的教师从眼镜上方看着学生，问道："你们有问题吗？"没有一个学生举手。

第二个班的教师上完课，看着他的学生，问道："我可以为你们回答什么问题呢？"学生们纷纷举手提问，教师整整花了半个小时来回答。

我为什么要分享这则逸事？第一位教师请学生提问的方式与销售人员请求推荐时的问法很相似。销售人员往往会问："你知道谁会对我们提供的服务感兴趣吗？"这个问题的最常见回答是："不知道呢，但如果我遇到我认为会感兴趣的人，我会给你打电话的。"我可以向你保证，这个电话是一定不会打的。

根据与众不同的客户推荐策略，你可以在请求推荐时稍微调整一下提问的方式。只要你换一种问法，你的主动推荐线索数量将会大幅度增加。应该这样问：

"鉴于你对我们的了解，你认识的人里有谁也会对我们的产品感兴趣？"

"你认识的人里有谁"，意思是他们认识的某个人甚至多个人会对你的产品感兴趣。根据这个问题的措辞，用"是／否"来回答是不符合逻辑的。你可以试一试。你会惊奇地发现，只

要你稍微改变一下请求推荐的问法，你的主动推荐线索量将会大幅度增加。

在请求推荐之前，你还应该想好你想要从推荐人那里得到什么具体信息。"我想要客户推荐。"你当然想要客户推荐！但你如何定义客户推荐？你是想要一个名字和一个电子邮箱地址，还是希望有人能为你引见呢？顶尖销售人员希望得到后者。一个名字和电子邮箱地址确实已经是一个销售线索，但这个线索比冷冰冰的"陌拜"（即陌生的拜访）电话好不了多少。

要真正发挥客户推荐策略的作用，你需要推荐人亲自为你引见。如果他们给你一个潜在客户的名字，你要请求他们发一封电子邮件将你介绍给这位潜在客户。推荐人的邮件介绍将为你与潜在客户展开对话铺平道路。如果推荐人同意发邮件将你介绍给潜在客户，但过了两天还没有行动，在这种情况下，你应该发一封邮件提醒推荐人，并提议由你来写介绍信。这样一来，推荐人向潜在客户介绍你这件事情就变得容易很多。

用实际行动来证明

找一家公司的损益表，看一看费用支出的详细记录，你会经常看到潜在客户开发、市场营销、业务开发等细列项目。我很少看到有公司将"主动寻找推荐线索活动"单独列入损益表的支出账目。这怎么说得过去呢？正如我前面所说，推荐线索转化为交易的速度和比率都超过任何其他线索来源。为什么不在这方面投入资金呢？真是令人百思不得其解！美国卫星电视运营商 DIRECTV 专门做广告宣传其客户推荐激励方案。显然，这家公司已经看到了提高推荐线索转化率的价值。

如果你的公司没有针对客户推荐线索的激励措施，那就说明你还没有充分挖掘客户推荐线索的最大收益。在制定激励方案的时候，你要想一想，客户推荐线索要为你增加多少销售额，你才会给推荐人提供补偿。例如，你可以规定，只要推荐的客户购买 5000 美元以上的产品，推荐人就可以得到一定的金钱奖励。记住，其他销售线索也是有开发成本的，客户推荐是效果最好的线索来源，说服公司为此投入一部分资金应该不是难事。

只要推荐线索的最终结果是达成交易，你就可以通过多种方式来回报推荐人。我在前面已经说过，补偿应该只针对亲自为你引见且促成交易的推荐人。仅仅提供姓名和电子邮箱地址是不值得给予经济奖励的，只要稍做调查，你自己就可以获得这些信息。想要得到回报，那就得做一些有价值的事情。

有一个极其有效的推荐线索激励措施，我称之为"最喜欢的餐厅"补偿方案。比如说，你决定为带来一定销售规模的推荐线索提供 100 美元的补偿额度。只要推荐人为你介绍新客户，而且新客户最终购买了一定金额的产品，你就赠送一张价值 100 美元的他们最喜欢的餐厅餐券。这个补偿方案已经取得很好的效果，因为它是根据推荐人的喜好提供奖励，这种个性化设计令人难以忘怀。你可以通过打电话或者当面向客户介绍这个补偿方案：

你： 妮科尔，你最喜欢哪家餐厅？

妮科尔： 哈蒙餐厅。

你： 你最后一次去是什么时候？

妮科尔： 大约六个月前。

你： 我们想邀请你作为我们的贵宾到哈蒙餐厅就餐。

妮科尔： 真的吗？

你： 是的。我们合作已久，我知道你很熟悉我们的业务和质量。我相信你认识许多在其他公司担任跟你类似职务的人。你每介绍一个人向我们采购_____美元或以上金额的产品／服务，我们就送你一张100美元的哈蒙餐厅餐券。

妮科尔： 哇，这么好！

你： 你知道谁也会对我们的产品感兴趣吗？

妮科尔： 我知道某某公司的约翰·琼斯有一个新计划，我觉得他会感兴趣。

你： 很好。你什么时候可以给约翰发一封电子邮件，把我介绍给他？

要使推荐计划取得更大成效，除了与客户进行如上对话，你还需要完成一个关键步骤。在口头分享补偿方案之后，客户还只是一个潜在推荐人，你要给他们发送电子邮件，用书面形式把补偿方案再解释一遍，进一步提醒潜在推荐人。例如：

> 谢谢你让我与你分享我们令人兴奋的推荐计划。正如我之前所说，我们想邀请你作为我们的贵宾到哈蒙餐厅就餐。你每介绍一个人向我们采购_____美元或以上金额的产品/服务，我们就送你一张100美元的哈蒙餐厅餐券。

有些公司禁止员工接受这种类型的补偿。如果是这种情况，你可以向该公司最喜欢的慈善机构捐赠与"餐厅礼券"相同金额的款项。如果要采用慈善捐款的补偿方式，一定要先和财务团队商量，因为慈善捐款可能会帮助公司减少税负。这样看来，实行推荐补偿计划的收益就更大了。

行业伙伴推荐

经常有销售人员问我，怎样才能得到互补行业或相关行业销售人员的客户推荐。给他们打电话或者直接请求推荐是不会有效果的。不要跟他们喊"给我推荐吧！给我推荐吧！"。记住，如果他们昨天有线索，他们昨天就已经告诉其他销售人员了。那么他们为什么现在还要把这些线索告诉你呢？每当我向销售人员提出这个问题时，他们的回应往往是死寂般的沉默，因为他们根本就没有考虑过这个问题。

行业销售人员也可能成为一个重要的主动推荐线索来源，你可以将其纳入你的客户推荐策略。我在前一章介绍的"如果你是我"策略也可以对行业销售人员使用。此外，我在本章前面也强调过：你必须赢得请求推荐的权利。但在面对行业销售人员这一线索来源时，这一点经常被遗忘。因此，在索取线索之前，你要在这些销售人员身上下一番功夫，了解他们的工作和他们寻找的客户类型。如果他们看到你有兴趣帮助他们，那么他们也会更愿意帮助你。

针对行业销售人员的主动寻找推荐线索活动，也要包含类似于"最喜欢的餐厅"补偿方案这样的激励措施。你要对行业销售人员本身和他们的目标表现出真正的兴趣，在他们身上投入一些资源，与他们建立良好的关系。如此，你才能赢得向他们请求推荐的权利。

在开始阅读本章时，你期望读到的可能只是关于一项销售任务的基本介绍。这些陈旧的内容，我相信你以前已经听过无数次了。在读完本章之后，我希望你能看到运用客户推荐策略的机会，并掌握挖掘这一线索来源的工具，使自己实现以理想的价格达成更多交易的目标。

本书中的概念之客户推荐

要获得被动推荐线索，只需要依靠产品性能即可。但要开发主动推荐线索，销售人员需要制订一个妥善周全的计划，而且要在恰当的时候用正确的方法向客户提出推荐请求。

| 第 5 章 |

虚拟销售的力量

2020 年 3 月 12 日，我和妻子莎伦登上了飞机，前往拉斯维加斯参加一次演讲活动。我们决定将这次演讲之旅变成夫妻两人的一次短期度假。

至少我们一开始是那样计划的。

那天晚上，我们参加了我的客户举办的鸡尾酒会。正是在酒会中，我看到了新冠病毒冲击商业的苗头，比如有些来宾回避与人握手。这也是我第一次听到"社交距离"的说法。在交谈时，人与人之间的距离远远超出了当时人们认为的正常距离。

第二天早上，我发表了一个主题演讲，主持了一次研讨活动。一夜之间，更多有关病毒的信息已经传得沸沸扬扬。在奥格斯堡大学棒球队的大儿子史蒂文打电话告诉我，他们球队春季到亚利桑那州交流的计划被取消了。女儿和小儿子也打电话说，他们学校已经把本学期剩下的课程都取消了。我和莎伦决定取消度假，演讲活动一结束就马上飞回家。人人都可以感受到变化即将到来，但没有人知道那将是怎样的巨变。

病毒愈演愈烈，似乎让整个地球都停止了转动。无数人将会感染并死于这种病毒。所有商业活动都戛然而止，甚至股票市场也关闭了一段时间。

销售方式不得不变

疫情给商业带来的主要变化之一是销售方式不得不转向虚拟销售。在疫情期间，由于人们不愿意或者不允许面对面接触，唯一可能的销售方式就是通过电话或电脑销售。

销售方式被迫转向虚拟销售在销售行业引起了很大的恐慌。在大多数人看来，虚拟销售是新鲜事物。但事实并非如此，虚拟销售只是"打了鸡血"的内部销售，并不完全是新鲜事物。在疫情期间，销售部门和销售管理部门对内部销售人员的尊重达到了新的高度，内部销售也不再被认为只是初级销售工作。高管们**虚拟销售只是"打了鸡血"的内部销售。**开始认识到，虚拟销售需要运用一套专门的技能和工具才能有效达到预期销售结果。

更进一步说，有些销售评估工具强调，做现场销售很成功的人做虚拟销售不一定能成功，反之亦然。在疫情期间，很多外部销售人员需要转为虚拟销售人员。外部销售人员习惯了自由，而虚拟销售人员没有这种自由。例如，外部销售人员可以乘车或乘飞机去拜访客户，日程安排也可以十分灵活，这些可能是虚拟销售人员无法做到的。

无论是内部销售人员还是外部销售人员，寻找潜在客户都是一大挑战。不过，在虚拟销售时，我们的语音变化、措辞和音调显得更加重要。对虚拟销售人员来说，声音是销售取得成功的一个关键因素。虚拟形象是极其重要的，在招聘虚拟销售人员时，我设计的招聘程序的一个重要步骤就是虚拟面试。在虚拟面试过程中，我们不但关注候选人的回答，也仔细审视候选人呈现的虚拟形象。如果候选人不能在虚拟面试中与面试官建立联系，那就说明他们在虚拟销售环境中也可能不会成功。

　　随着现场活动因疫情戛然而止，以前习惯于通过面对面沟通获得销售线索的销售人员，现在不得不开始学习如何运用社交媒体，特别是学习通过领英寻找线索的技能。就像销售职能一样，公司业务发展的所有职能都不得不转入虚拟世界。

　　外部销售人员习惯于进行面对面沟通，据此可以看到买家的肢体语言和面部表情。但是，在虚拟销售环境下，由于无法与买家坐在同一个房间里，销售人员必须用不一样的方式与买家建立联系。在面对面的会议中，如果买家不说话，销售人员可以看到他们在做笔记或者靠在椅子上思考，此时销售人员可以停顿片刻。在虚拟销售时，除非使用网络摄像头（我会在本章后面再谈网络摄像头的使用问题），否则，如果买家不说话，销售人员就根本看不到他们在做什么。面对这种沉默，刚接触虚拟销售的外部销售人员往往会感到不知所措。

　　做产品演示也是如此。在现场演示时，销售人员可以"察言观色"，而在虚拟销售环境中没有这样的机会。即使有网络摄像头，要分析买家的面部表情和肢体语言也十分困难。人在屏幕上显示的影像太小，而且销售人员更多注重如何有效地推进虚拟会议。

在提案阶段，外部销售人员喜欢与买家面对面坐下来仔细审阅提案。虚拟销售人员没有这种互动机会，所以经常通过电子邮件发送提案。至于能不能得到积极回应，只能默默祈祷了。

还有一种观点认为虚拟销售比现场销售更有挑战性，有些人甚至认为虚拟销售是不可能做到的。在此，我要告诉你，虚拟销售完全可以做得到。虚拟销售并不比现场销售更难，只是方法不同而已。要想取得成功，你需要采用一个与众不同的虚拟销售策略。

提前掌握技术工具

虚拟销售激发了对相关技术的需求，一些十分酷炫的技术工具在市场上迅速涌现。在使用技术工具方面，有些销售人员操之过急，造成很严重的销售效率问题。他们一拿到工具就马上用于虚拟销售，没有投入时间去掌握工具的用法。在与买家互动时，如果你操作工具不熟练，甚至错漏百出，

> 在与买家互动时，如果你操作工具不熟练，甚至错漏百出，就会影响虚拟会议的效果，给买家留下糟糕的印象。

就会影响虚拟会议的效果，给买家留下糟糕的印象。如果遇到什么技术问题，买家不会责怪技术，只会责怪你！在将任何技术工具用于虚拟销售之前，你要确保已经掌握正确的使用方法。

在每次与买家进行虚拟会议之前，你都要先做好技术测试。硬件和软件的更新有时会导致其他应用程序出问题。你一定不希望在虚拟会议一开始就被技术故障打了个措手不及。

建议销售经理在销售人员将技术工具用于虚拟销售之前先测试一下他们使用工具的熟练程度。花时间设计一个模拟练习，让销售人员证明自己能够熟练地使用工具。与其放任他们因为不会使用工具而影响与买家的联系，不如安排一个测试环境，让他们展示自己使用工具的熟练程度。

用不用网络摄像头

在使用技术工具的问题上，你必须做出的第一个决定就是用不用网络摄像头。有些高管和销售人员认为，虚拟销售必须使用网络摄像头。其他人则认为，没有必要使用网络摄像头，用了反而会分散注意力。

使用网络摄像头有一个好处：你可以看到买家的面部表情和部分身体语言。在某种程度上，使用网络摄像头可以模拟现场销售的互动沟通，这也是我主张在适当的时候使用网络摄像头的原因。问题是，"适当的"时候是什么时候呢？

如果要使用网络摄像头，有些问题就需要销售人员和买家都考虑清楚。首先，销售人员必须注意外表问题。衣着邋遢或者背景杂乱都会让人立刻失去兴趣。如果你选择使用网络摄像头，你要注意你的衣着打扮和买家看得到的背景画面。这些细节将会影响买家对你、你的公司和产品的印象，进而影响你能否拿下订单。

使用网络摄像头，你可以看到买家的面部表情和肢体语言，买家也可以看到你的面部表情和肢体语言。这一点可能是优势，也可能是劣势。首先，由于办公椅子的设计问题，很多销售人员的办公坐姿非常糟糕。他们佝偻着身子坐着，在镜头前可能显得很不雅观。有些销售人员打电话时就喜欢身体动来动去或者手里拿着笔转来转去。最糟糕的是，有些销售人员还在虚拟会议期间发短信和电子邮件。你在摄像头前的这些所作所为，买家全都看得见，由此他们对你的印象也会变得更加糟糕。如果买家发现你一边跟他们开视频会议一边干别的事情，那么你就别想拿到他们的订单了。所以，如果你决定使用网络摄像头，你一定要非常注意保持良好的屏幕形象。

通过网络摄像头会面与直接会面是不同的。我们习惯于直视别人的眼睛，这是我们从小到大受训的结果。通过网络摄像头，我们在电脑屏幕上看到买家，但盯着屏幕并不能真正直视他们的眼睛。实际上，我们要盯着摄像头，才能真正直视他们的眼睛。这个动作需要经过一段时间的练习才能适应。而且，如果你用的是笔记本电脑，你得往下看，才能盯着摄像头。你可以在笔记本电脑下放一摞书，抬高笔记本电脑的位置，这样你就能直视前方。这些细节问题都说明，在你打开网络摄像头做虚拟销售之前，你需要做好准备工作，练习如何使用网络摄像头。

无论是使用网络摄像头，还是使用其他任何技术，在虚拟会议开始之前，你都要给买家提供步骤清晰的工具安装使用说明。你会发现，有些买家对技术工具运用自如，有些买家则不然。此外，互为竞争对手的虚拟会议技术在使用方法上往往存在细微差别，你的买家可能难以区分，导致出现操作问题。因此，在向买家提供会议信息和安装使用说明时，你还要附上自己的电话号码，方便他们在参会遇到困难时可以给你打电话。有些困难可能与技术无关，也许是他们公司的内部防火墙阻止他们参会。

我们之所以要尽可能地使用网络摄像头，还有另一个原因：如果你能看到对方，对方就不太可能把手机调成静音，然后去做其他事情。相信我，这种情况时有发生！显然，在我们分享重要信息的时候，我们并不希望对方分心与人聊天或者阅读电子邮件。

至此，我已经阐明我支持使用网络摄像头的理由。这些理由其实都非常简单，不用动脑筋也可以想到。"既然如此，那么我们每次进行虚拟销售会议都应该打开网络摄像头。"等一下！在打开摄像头之前，你还要考虑到一种情况：你要想一想参加虚拟会议的那位买家的意愿。也许他不想被看到，特别是居家工作的时候，或者他那天觉得自己"不上镜"；或者他在办公室工作，旁边的白板上写着专利信息，或者办公桌乱糟糟的，所以他可能不想进行视频通话。重点是你要为买家提供视频通话的机会，但不要默认他愿意与你进行视频通话。你要先询问对方，而不是默认，否则就可能会出现令人尴尬的局面。

当然，如果他们不愿意打开摄像头，你也可以选择打开你的摄像头。虽然你看不到他们，但至少他们能看到你。这不是最好的选择，但比起双方都不打开摄像头，你一方打开摄像头的效果总会好一些。

留下美好的第一印象

在进行虚拟会议时，我们要给买家创造美好的第一印象。首先，在发出虚拟会议邀请时，我们应该向买家发送一份会议提案，咨询他们的意见。注意这里的用词，是会议"提案"，不是会议"安排"。

在邀请函中，你可以这样表达：

> **"我打算在虚拟会议上谈一谈 A、B、C 等话题。我希望你的时间可以得到充分利用，因此想问问你觉得我们在会议上必须讨论哪些议题？"**

从买家对这个问题的答复，你可以发现买家最看重的东西，并且确定会议应该达成的目标。发送会议提案的举动本身就会告诉买家：你提议进行虚拟会议不是为了自说自话，你也非常重视他们的会议目标。

在虚拟会议当天，一定要在会议开始前 10 分钟进入会议，以便有时间确保所有工具都正常运行。要关闭手机，在办公室或工作间外面放置一个"虚拟会议中"的标志牌。如果居家办公，那就把标志牌挂在门铃上，以免受到不必要的干扰。

如果使用网络摄像头，在每一次会议开始之前，首先一定要确认双方能看到、听到彼此，以免在会议中出现尴尬的状况。不必要的应用程序一定要关闭，以免影响会议软件的性能。

虽然电脑的语音功能用起来很方便，但我还是建议使用手机。你会发现，手机的语音质量远远超过电脑的语音质量，但千万不要开免提。很多人认为开着免提打电话是不尊重人的做法。免提电话的声音听起来很遥远，而且断断续续，可能会让人觉得说话的人很傲慢。可以使用耳机，耳机能让你得到最好的语音体验。鼓励买家也用手机来听，以得到最好的体验。

还有一个方法可以留下良好的第一印象：制作一张欢迎幻灯片，写上买家的名字、公司标志和你提议的话题，进入会议后马上共享屏幕，让买家一进入虚拟会议就能看到欢迎页。大多数虚拟会议工具的使用步骤都比较烦琐，有时候还要输入密码验证，搞得非常麻烦。即使完成了所有步骤，买家可能仍然不太确定自己是否已经进入正确的虚拟会议房间。因此，要使虚拟会议顺利进行，你必须针对不同的买家采取个性化措施。

虚拟会议还有一个好处：你可以录制会议。但是，在按下"录制"按钮之前，一定要征得买家的同意。如果买家要求你会后把会议录音发到他们的邮箱，不要感到惊讶。如果会议有录音，买家在会议期间就可以专注于对话，不用分心做笔记。

虚拟销售流程

我们都知道，做销售首先要建立友好融洽的关系。如果与买家直接见面，我们可能会先和他们闲聊几句，比如说一说天气，或者谈一谈昨晚的球赛，抑或聊一聊我们在他们办公室看到的小物件。但是，在虚拟销售环境中，买家会有不同的期望。买家希望你更珍惜他们的时间，更快开始进行业务对话。因此，你要利用业务对话来建立友好关系，而不是花时间闲聊。在买家看来，此时你跟他们闲聊可能只是浪费时间。

虚拟会议上的意向探索对话跟现场会议上的意向探索对话并没有什么不同。在虚拟会议开始之前，你要明确会议取得成功的标准，列出你要提出的问题，准备好要分享的信息。虚拟会议的准备工作与现场会议的也没有什么不同。

在虚拟会议上，你的语速要比你平常在现场会议上的更慢。如果你的语速太快，买家就可能会错过关键信息。此外，如果遇到双方同时开口的尴尬时刻，一定要请买家先说。毕竟，我们希望他们比我们说得多。就能否达成交易而言，买家要说的东西比你要说的更加重要。

正如我前面所说，虚拟销售要取得成效，你必须学会适应买家在会议期间的沉默。在沉默的时候，他们也许在思考，也许在做笔记。此时开口打扰买家可能会打断他们的思路，不利于达成销售。你可以采取一个有效的虚拟销售策略：在会议开始时就告诉买家，如果在会议期间需要做笔记，他们随时可以提出来，你可以随时暂停。此外，你也应该在每一项重要内容结束之后预留暂停的时间。在暂停之前要跟买家说，你现在暂时停下来，给他们时间做笔记，等他们做完笔记，你再继续讲。

在虚拟演示阶段，销售人员都会犯一个常见的错误：屏幕上显示的文字太多或者图形图像过于复杂，让人难以理解。就能否拿下订单而言，这个错误可能是致命的。

如果这就是你使用的演示方法，你并不觉得这有什么错，我上面的批评反而让你感到很愤怒，那就请你允许我向你解释为什么这是一个重大错误。**人们做不到听与读同时进行。**这是不可行的！你自己可以试一试，很快你就会意识到这个问题。也就是说，幻灯片上的文字越多，买家就越听不进你说的话。演讲的目标之一就是吸引参与者的注意力，而屏幕上的文字太多会分散买家的注意力，阻碍你达成目标。当然，这个问题也是可以避免的。有效的演讲是对话，而不是独白。屏幕上显示的内容应该促进对话，而不是阻碍对话。

销售人员之所以在幻灯片上放那么多文字，主要不是为了买家，而是为了他们自己。因为他们并没有为会议做好准备，所以他们必须把内容全部写在幻灯片上，才知道自己应该说些什么，或者干脆逐字逐句地念出来。正是出于这个原因，他们的演示画面才看上去满满当当，杂乱无章。其实，使用"备注"功能就可以完全掌控演讲的内容，写在"备注"的文字是买家看不到的。

"演讲"这个词也向销售人员传达了错误的信息。买家要求销售人员做演讲，销售人员便以为买家想要的是一个45分钟的讲座和 15 分钟的问答时间。买家可能会用"演讲"这个词，但他们想要的不是讲座，而是别的东西。与其纠结幻灯片上写多少内容，不如问问自己，如何才能将演讲变成一场对话。我向你保证，一旦你连续说话超过 5 分钟，买家就不会再听，你已经无法吸引他们的注意力了。你滔滔不绝地介绍你的公司和解决方案，但你的演讲只是一场独角戏，根本没有人在听你说什么。

对于如何安排演讲的展示内容，我有一个简单的建议。如果让买家自己看幻灯片也可以获得同样的体验，那么你在虚拟会议上给他们做演讲又有什么意义？完全没有意义。因此，我的建议是用视觉文本来突出讨论的要点，而不是逐句念给买家听。每一张幻灯片都要包含一个问题，以便吸引买家参与讨论，也防止你在会议期间从头讲到尾。

> 用视觉文本来突出讨论的要点，而不是逐句念给买家听。

只要有必要出现新的文字内容，都要用"新建"功能创建新的幻灯片，让买家只看到与讨论相关的文字。而且，没有任何法律规定文字前面必须加上项目符号。在大多数情况下，屏幕上只有一个单词／短语或者只有一个图像，都比罗列多个要点更有力量。（读到这里，也许你会想到，这些注意事项并不限于虚拟销售。没错，现场演讲也要注意这些问题。）

有些销售人员为虚拟会议专门制作演示文稿，希望达到两个目的：以演示文稿为工具推动会议顺利进行；会后将演示文稿发给买家，帮助他们回忆演讲的内容。与其用一种工具服务于双重目的，不如干脆使用两种工具。演示文稿只用来达到一个目的：推动会议顺利进行。会议结束后，给买家发送一份包含会议要点的电子邮件。（第 11 章将会介绍电子邮件的结构。）做好这一步，两种工具才都能发挥有效作用，帮助你实现以理想的价格达成交易的目标。

会议结束后，给买家发送一份包含会议要点的电子邮件。做好这一步，两种工具才都能发挥有效作用，帮助你实现以理想的价格达成交易的目标。

将解决方案写成提案之后，很多虚拟销售人员会用电子邮件将提案直接发给买家，然后默默祈祷能得到一个好的结果。哎哟！现实总是残酷的。一看到提案，买家只会马上翻到定价页，如果价格不是他们喜欢的数字，他们就会对你失去兴趣，再也不会联系你。你应该在虚拟会议上向买家介绍提案，而且在进行虚拟会议之前千万不要通过电子邮件把提案发给买家。在虚拟会议上，你要引导买家仔细阅读提案的各个部分，有任何疑问都可以提出来，你可以马上给他们反馈。如果不进行虚拟会议，只通过电子邮件把提案发给买家，你就可能会落入销售黑洞，再也收不到买家的消息。在按下"发送"按钮之前，一定要了解清楚买家决策流程的后续步骤，否则你就无法知道订单进展到哪一步。

最后，做虚拟销售还要注意一点：在会议期间一定要记得保持微笑。不管你用不用网络摄像头，保持微笑都很重要。微笑能改变你的声调，买家就算看不到你的脸，也可以"听到你的微笑"。说什么话很重要，话如何说也很重要。如果你不习惯在打电话时保持微笑，你可以在自己面前放一面镜子，在虚拟会议时也可以看到自己的面部表情。这种细微的变化可能会对你和买家的虚拟对话产生重大影响。

刚开始时，人们以为虚拟销售只是一种无奈之下的选择，但他们很快就发现，虚拟销售也是一个脱颖而出的机会。事实证明，采用虚拟销售方式，销售人员不必到处出差，不但可以提高销售效率，还能降低销售成本。在疫情期间，高管和销售人员都意识到，采用有效的虚拟销售方式也可以帮助他们以理想的价格赢得交易。在新客户获得流程的每个阶段，顶级销售团队都会分析各项转化指标并做出相应调整，以提高虚拟销售的效率。作为一种销售方式，虚拟销售不会消失，也不会过时。因此，我们应该调整获客流程，掌握技术工具，充分利用这个巨大的销售机会。

本书中的概念之虚拟销售

调整新客户获得流程、掌握技术工具是虚拟销售取得成功的两大关键。

第 6 章

打通关键人物的方法

我在纽约市长大，从小我就不太喜欢阅读。除了《纽约邮报》和《纽约每日新闻》的体育版，我唯一有兴趣阅读的是《百科全书小布朗》（*Encyclopedia Brown*）系列故事。我喜欢跟着勒罗伊·布朗（Leroy Brown）（他是大家最喜欢的男孩侦探，也就是书名里的"百科全书小布朗"）一起解开谜团。为了寻找线索，我甚至会反复阅读某些章节，希望在作者揭露罪魁祸首之前解开谜团。

成年之后，我仍然不喜欢阅读。我的母亲曾是纽约市一所公立学校的老师，我不喜欢阅读这件事情让她很是懊恼。虽然我不喜欢为了娱乐而阅读，但我喜欢为了精进业务而阅读，这方面的阅读我从来没有停止过。而且，我特别喜欢看悬疑片，特别是《法律与秩序》（我只喜欢看原版）。原版的《法律与秩序》总共456集，我已经不记得看了多少遍。我和莎伦开始谈恋爱后，我们经常窝在家里看《法律与秩序》，那些日子给我们留下了非常美好的回忆。每到周三晚上，我都会去她的公寓与她一起看《法律与秩序》每周的首播剧集。就像阅读《百科全书小布朗》一样，我在看剧的时候也积极开动脑筋，努力在肇事者被曝光之前解开谜团。

在从事销售行业后，我开始把这种解谜的策略运用到销售中，使我的销售工作不但卓有成效，而且趣味十足。在我眼中，销售从来都不是兜售商品，而是要解开"谜团"，找到"谁是最关键的决策影响者"。为此，我必须仔细寻找各种线索。参与决策过程的每个人都有自己的挑战和目标，我的任务就是揭示他们的挑战和目标，然后制定一个使他们乐于购买的解决方案。

在读侦探故事、看悬疑剧时，我要分析相关角色才能破解谜团。同样，在销售工作中，要找到帮我以理想价格达成交易的关键人物，我必须仔细分析我遇到的每一个决策影响者。也就是说，我要弄清楚决策影响者对我的产品有所行动的全部动机及其促成公司更换供应商的能力。我要确定哪些决策影响者最支持我的解决方案，哪些决策影响者对决策过程具有最大的影响力。总之，我要使用一个与众不同的导师销售策略，找到一个最合适的决策影响者。我把这样的决策影响者称为"导师"（mentor）。

你可能听说过"内部教练"或"冠军"这样的销售术语，但我总觉得这些表述十分模糊，无法准确表达我的意思，因此我选择了"导师"这个词。一个合格的导师必须满足两个具体的标准：一是对你的产品充满热情；二是对决策过程具有强大的影响力。

导师的排序

我们根据两个指标对可能成为导师的决策影响者进行打分和排序，每个指标的得分范围是 0 ～ 5 分。第一个指标衡量决策影响者对你的解决方案的**承诺水平**（level of commitment）。能够成为你导师的这位决策影响者，应该坚信你的解决方案正好能满足公司的需求。决策影响者的承诺水平越高，得分就越高。以下是销售人员给决策影响者的承诺水平打分时需要考虑的问题：

- 我的解决方案需要包括什么内容、解决什么问题，才能得到决策影响者的支持？
- 跟决策影响者目前使用或正在考虑使用的替代方案相比，我的解决方案有什么优势？
- 我的解决方案和替代方案之间有什么重要差异？
- 为什么这些差异对决策影响者来说特别重要？
- 这些差异是否足够显著，足以让决策影响者有所行动？
- 决策影响者希望这个解决方案何时实施？
- 为什么决策影响者及其公司一定要在这个时间实施解决方案？
- 如果不能如期实施，会有什么后果？
- 公司目前的供应商采取哪些举措会促使决策影响者不再支持更改供应商？
- 如果竞争对手的价格比我的低 15%，决策影响者是否仍然坚定地支持我的解决方案？

在评估决策影响者的承诺水平时，不考虑价格的影响（以上最后一个问题已经强调价格的作用）是一个常见的错误。决策影响者会屈从于价格吗？有些决策影响者承诺支持一个解决方案的唯一理由，就是他们觉得其供应商可以提供最好的价格（而不是最好的价值）。要是还有另一个竞争对手报出更低的价格，他们马上就会更换供应商。

> 有些决策影响者承诺支持一个解决方案的唯一理由，就是他们觉得其供应商可以提供最好的价格（而不是最好的价值）。

第二个指标衡量决策影响者在决策过程中的**影响力水平**（level of influence）。评估影响力水平也是一个棘手的难题。有些决策影响者会告诉你，他们是决策过程中最有发言权的那位。有些决策影响者甚至会向你保证，达成交易与否都是由他们说了算，老板的批准只是"走过场"而已。根据我的经验，真正算得上"走过场"的情况是非常罕见的。"走过场"往往是一个用来欺骗销售人员的"烟雾弹"，让他们误以为交易的进展远比实际情况乐观。

以下是给决策影响者的影响力水平打分时需要考虑的问题：

- 在什么样的情况下，决策影响者的推荐方案（我的解决方案）才会被公司选中？
- 如果决策影响者向公司提出推荐方案，后续一般会发生什么情况？
- 还有哪些人应该会参与后续的筛选过程？
- 这些人对决策影响者的推荐方案会有什么想法和观点？

- 他们为什么不支持选择决策影响者推荐的解决方案？
- 如果他们不支持，我的订单将会如何？
- 决策影响者在公司的影响力是否足够，足以促成更换供应商？

与承诺水平指标类似，决策影响者拥有的决策影响力越大，得分就越高。根据以上七个问题的回答，你可以分析一位决策影响者对某一笔交易拥有多大的决策权。

评估影响力水平确实是一个棘手的难题。比方说，你可能正在接触一位高管，虽然这位高管有权签单，但如果得不到其直接下属的支持，这位高管就不会把订单给你；或者，正在跟你合作的决策影响者也可能需要得到高层的批准才能跟你签单。在这两种情况下，你都需要采取一定的策略，才能促使交易顺利推进。

交易的漏洞

在争取新客户的过程中，对于遇到的每一个决策影响者，你都要根据上述两个指标进行打分，然后将两个分数相加得出一个综合得分。最理想的情况当然是遇到一个综合得分为 10 分的决策影响者，但那是非常罕见的。在给导师排名时一定要对自己诚实，这一点销售人员往往很难做到。销售人员似乎生性乐观，正是这种乐观精神一直吸引着我，让我无法离开销售行业。我喜欢和积极乐观的人共事，但有时乐观主义会让你看不清订单中存在的盲点。我并不是说你应该成为一个悲观主义者，我只是希望你思考问题时能够更倾向于实用主义。两个指标都得满分的导师是不太可能存在的，就算有也是稀有动物。要是你真的遇到一个满分的导师，与其对订单充满信心，不如反过来问问自己：

哪些情况会阻碍你们达成交易？

只有诚实地回答这个问题，你才能发现交易的风险，进而采取相应的行动。如果你心存疑问，那就要降低得分。这种思考方式可以让你避免过于乐观，对交易存在的漏洞视而不见。如果一个导师得了满分，要么是因为异常情况，要么是因为销售人员自欺欺人，除此之外没有别的理由。

无论是哪一个指标，只要得分低于 5 分，那就说明交易存在漏洞。决策影响者有没有表现出坚定承诺并全力支持你的解决方案？有影响力的决策影响者是否与当前供应商存在私人关系？是否有新的决策影响者参与决策过程？公司内部是否存在"政治斗争"？要想以理想的价格拿下订单，你一定要仔细评估每一个潜在导师，找出交易可能存在的漏洞，并有针对性地制定策略将其消除。

如果是承诺水平方面存在漏洞，也就是承诺水平得分低于5 分，那么你要进一步差异化自己的产品和销售方式，向决策影响者展示有意义的价值。问问自己：你正在接触的决策影响者是否会强烈支持你的解决方案。如果不会，那么你应该继续寻找更合适的导师人选。如果决策影响者可能对你的解决方案感到兴奋，那么你就要进一步激发他们的热情。

如果是影响力水平方面存在漏洞，那么你需要换一个影响力更大的决策影响者作为导师。如果没有强大导师的支持，你的订单就可能完全没有成功的希望。

每次我回顾我自己的销售工作或者思考我麾下销售团队、

要以理想的价格达成交易，你必须找到一个强大的导师。

我辅导客户的销售工作，我都会想到一个不变的主题，得出一个同样的结论：要以理想的价格达成交易，你必须找到一个强大的导师。

回顾一下你成功的交易、失败的交易。你会发现，对于以理想的价格达成交易的订单，你很可能有一个影响力非常大的决策影响者做你的导师。你失去订单或不得不靠降价拿到订单，原因可能是你没能跟影响力最大的决策影响者建立足够强大的关系。一般认为，销售是一项相当复杂的工作，但只要你为每一笔订单都找到一个合适的导师，你的整个获客战略就可以变得非常简单。既然如此，寻找一个合适的导师就是销售方法的核心重点。

魔法师

如果跟你接触的决策影响者就是最终决策者，你的销售工作做起来将会轻松至极，你也会感到无比幸福。我把这样的决策影响者称为"魔法师"。"魔法师"是一位喜欢躲藏起来的决策者，就像奥兹国的魔法师一样。在销售中，"魔法师"是在你的订单合同上签字的决策影响者。有时候，这样的决策影响者善于躲在幕后，拒绝与你直接接触。

如果决策影响者没有直接参与决策过程，那么交易就会出现漏洞。不过，你可以找一个有能力在内部推销的强大导师来消除漏洞。事实上，你要找的导师不仅要有能力在内部推销，而且要对你的解决方案深信不疑。如此，他会愿意努力说服公司选择你的解决方案。

潜在导师的陷阱

要解开销售成功的谜团，你要找到合适的潜在导师人选。在客户公司里，谁会对你的产品最感兴趣？如果采用你的产品的最大好处是降低成本，那么负责降低成本的决策影响者就是合适的导师人选。根据同样的思路，你可以为产品的每一个卖点选择合适的导师人选。你要积极接触那些兴趣点和你的产品卖点最为贴合的决策影响者。找到对你产品的卖点充满热情的决策影响者，让他们来扮演导师的角色。不过，在决定导师人选的过程中，不要忘记影响力水平这个指标。

一个决策影响者可能对你的解决方案充满热情，但是他缺乏推动组织变革的权力。换言之，如果选择他作为你的导师，你的订单就可能会失败。承诺水平指标得分高但影响力水平指标得分低的决策影响者，一定是软弱无力的导师。

我介绍一个我在工作中遇到的例子吧。有时候，区域销售经理会与我联系，讨论销售人员薪酬问题，希望改变公司目前为销售人员制定的薪酬方案。他们觉得，目前的薪酬计算方式存在缺陷，需要迫切做出改变。但是，他们不能找我来帮助他们解决这个问题。为什么？因为改变销售人员薪酬方案的决策权掌握在公司某一位高层人员的手中。如果没有那位高层人员的参与，无论我如何努力推销他们的薪酬改革方案，也只是浪费时间，因为那是一笔极不可能成功的交易。你要对什么样的交易投入时间，这个问题也应该用同样的思路考虑清楚。承诺水平指标得分高但影响力水平指标得分低的决策影响者，只会造出销售的海市蜃楼，如果销售人员信以为真，就会变得不切实际，误以为交易很有可能成功。

怎么应对一个对你非常友好的决策影响者？对你友好是否表明他可以成为一个强大的导师？答案是否定的。不要根据友好程度来评估一个决策影响者是否适合做你的导师。友好程度与两个导师评估指标没有关联性，有些人只是天生友善，对任何人都非常友好，但他们对你要处理的问题并不感兴趣。有些人可能比较古板，但他们能够看到你产品的价值，而且有权力促使公司做出改变。在给潜在导师打分时，个性并不是一个需要考虑的因素。

虽然得到决策影响者的支持是一件好事，但如果他在公司没有重要的影响力，他就无法发挥导师的必要作用。导师在公司的影响力水平是你顺利拿下订单的关键，导师可以说是你在客户公司的内部卖家。既然如此，如果你希望能以理想的价格拿下订单，你选择的导师必须对决策过程具有十分重大的影响力。

"怪兽"导师

若干年前，我受聘于一家公司担任销售和营销副总裁，直接向 CEO 报告，CEO 也是公司的老板之一。每次我有新的想法，在去找他开会之前，我都会做足功课，为会议做好充分准备。即便如此，我在会上得到 CEO 首肯的次数也是屈指可数。

在会议上，我向 CEO 详细地介绍我的计划，只要他例行公事盖个章，计划就可以付诸实施。对于他提出的所有疑问，我都给出了深思熟虑的回答。然而，我仍然没能得到我想要的绿灯。

有一天，我在洗澡时又想起了自己面临的困境。我恍然大悟：我去找他开会，一心只想着得到他的批准，这个方法是有问题的。我只告诉他我想做什么，却没有询问他有何看法。他是 CEO，又是老板之一，我却从来没有想过要征求他的意见。由于我的方法不当，他不但不同意我的想法，甚至断然拒绝或者搁置我的计划。从销售的角度看，由于我采用了错误的销售方式，所以我没能拿下订单。

明白了这一点之后，我就换了一种推销想法的方式。在开会前，我仍然会做好功课，但我不会只想着得到他的批准。任何一个我希望得到他批准的想法，我都必须向他推销。每次会议开始时，我都会问他："我在考虑做这件事情，你觉得怎么样？"改变了方法之后，我在大多数会议上都得到了我所寻求的肯定答复。

导师们往往也会犯跟我一样的错误。你和导师的互动往来使导师对你的解决方案产生了巨大的热情，于是你给导师的承诺水平指标打了高分，让他成为你的导师。他感到无比兴奋，甚至愿意排除万难说服公司选择你的解决方案。有时候，这种热情会给你的交易带来致命的缺陷。通常情况下，导师并不是专业销售人员，不知道该如何向公司推销想法。因此，你要为导师提供一些销售方面的建议，避免在决策过程中犯下无法弥补的错误。

导师应该采取什么策略向公司推销这笔订单，销售人员需要指点一二。导师喜欢销售人员提出的解决方案，坚信这是最适合公司的解决方案，那么销售人员的任务就是帮助导师获得想要的东西。如果导师能如愿以偿，销售人员也能以理想的价格拿下订单。如果销售人员一心只想拿到丰厚的提成，我们这个导师策略就不会有什么效果，订单也会落空。

我在前面已经介绍过魔法师，也就是交易的最终决策者。除了魔法师，还有一个需要注意的决策影响者——"破坏者"，一个不那么令人愉快的角色，因为"破坏者"倾向于保持现状或者选择替代解决方案。

销售人员和导师有时会在无意中制造出交易破坏者，比如没有邀请某一个决策影响者参与解决方案的开发。单凭这一点就足以制造出一个交易破坏者。归根到底，这是人类的基本心理在作祟。在决策时，如果人们觉得自己被排除在外，就会拒绝别人做出的决定。他们反对你的解决方案，但是如果当初他们也被邀请参与决策，那么他们现在很可能就会支持。把决策影响者排除在决策过程之外，其实就是邀请他们与你的竞争对手探讨替代方案。要知道，这些人可是很乐意支持替代方案的。为什么呢？因为他们参与其中了。

现在，你知道你的交易可能走错了一步，你的导师也即将迈出关键的一步，但他可能还没有看到脚下的悬崖。换言之，当你看到类似问题出现时，你要尽快跟导师沟通，提醒导师注意。

你可以跟导师进行以下对话：

> "玛丽，感谢你支持我们开发的解决方案。我一直在思考我们的做法，心里有一些担忧。我可以和你谈一谈吗？"（如果对方同意，继续说。）
>
> "长期以来，我跟很多像你这样的高管合作过。根据我的经验，当合作到了一定时候，他们需要从开发解决方案的两种路径中选择一种。要不我先给你说一说这两种路径吧……"（如果对方同意，继续说。）
>
> "一种路径是让决策团队的所有关键成员都参与进来，征求他们对解决方案开发的意见，让每个人都觉得自己能参与决策，只要解决方案开发出来，他们都会表示支持，因为他们都得到了自己想要的解决方案。用这种做法得到的解决方案是效果最好的，因为关键利益相关方都觉得有机会发表意见。
>
> "另一种路径是没有决策团队参与，只有一个人直接和我合作开发一个我们认为大家都会支持的解决方案。待解决方案开发出来后，我们再向决策团队汇报。如果采用这种做法，就算这个人工作做得好，也往往得不到称赞。相反，迎接她的是同僚的抵制和怀疑，

原因无非是他们觉得自己被排除在决策过程之外。

"这就是我感到担忧的地方。也许是我多虑了，但是我确实觉得我们正走在第二种路径上。我觉得我应该把这些都告诉你，我也不确定哪一种是最佳做法，想听听你的意见。我们应该怎么做呢？"

这些话传达了一个核心信息：你不是要向导师推销什么，你是在引导他走一条正确的道路，帮助他获得他想要的东西。说这些话也是向导师表示支持，让他知道，销售人员正在为他的最佳利益着想。经过这种对话之后，导师会把你视为一个值得信赖的顾问，他对你和你的解决方案的承诺水平都会有所提升，因为他知道你真正关心的是他，而不是他的钱包。

你要注意到，虽然你已经知道要选择哪一种路径，但你并没有对导师进行说教。你只是让他看到目前的做法可能存在的问题，引导他做出正确的选择，确保他得到他想要的东西。

你的导师必须能够回答的一个重大问题

经过你仔细的培育和引导，你的导师坚信你的解决方案就是最合适的选择。在大多数情况下，你的导师必须向公司其他人推销这个观点。同样，大多数导师并不是销售人员。因此，你要帮助导师完成这个销售任务，使他得到他想要的东西。

其他决策影响者向他提出的第一个问题是：

"为什么你会推荐这个解决方案？"

如果其他同僚和魔法师提出推荐方案，他们也会被问及这个问题。如果你的导师无法清晰明了地回答这个问题，你的订单就会陷入困境，破坏者也会随之出现。

很多销售人员觉得，他们都已经找到了一个会努力促成交易的导师，那就应该万事大吉，可以跳"庆功舞"了。到后来交易失败，大失所望，才知道事情并没有那么简单。要避免落入令人失望的境地，你只需要问导师一个简单的问题：

"我很感激你向公司推荐我们的解决方案。我想问一下，你为什么选择推荐我们？"

对这个问题的回答可以说明很多东西。通常你会发现，你的导师是因为一两个具体的原因而支持你的解决方案。然而，其他决策影响者可能会更看重其他原因。你根据导师对这个问题的回答提醒他关注其他决策影响者可能会认同的原因（差异化因素）。最重要的是，给他发一封包含演讲要点的电子邮件，帮他准备好在公司内部进行推销时所需的所有信息。

无论导师是不是魔法师，他都要能够解释清楚支持你的解决方案的具体原因。你要靠导师向其他决策影响者推销，说服他们接受你的解决方案。同时是魔法师的导师选择了你的解决方案，他需要向下属推销这个决定，而不是魔法师的导师同样需要向同事和上级推销。帮助导师做好在公司内部推销该解决方案的准备是销售人员的职责所在。记住,你在要求一个非销售人员为你做销售,这意味着你自己要完全担负起让导师的销售工作取得成功的责任。

与众不同的导师销售策略之所以必须涉及帮助导师在公司内部推销,原因在于可信度问题。在大多数情况下,公司内部人员比销售人员更有可信度。内部人员当然会维护公司的最佳利益,不像销售人员一心只想多拿些提成。把公司引入歧途对导师也不会有任何好处。因此,相比之下,导师的观点更可信。

跟委员会打交道

许多组织的购买决策是由委员会做出的。既然如此,找到一个强大的导师就更加重要了。有了强大的导师,你才有内部人士为你的解决方案争取机会。

一听到"委员会"这个词,我们往往以为那是一个层级分明、目标一致、决策过程清晰的团队。其实这样的委员会是很少见的,委员会通常只是一个结构松散的组织,成员各有自己的盘算,决策过程也不清晰。

销售人员有责任帮助导师看到妨碍交易的"减速带",而且要想方设法避开。

如果你已经找到一个承诺水平指标得分高的导师,你现在的任务就是帮助他达成目标,让他得到想要的东西。销售人员有责任帮助导师看到妨碍交易的"减速带",而且要想方设法避开。否则，这些"减速带"就会导致你的交易翻车撞墙，一败涂地。

只要准确地把握委员会的内部动态，你就能帮助导师得到他想要的东西。你可以通过向导师提出以下问题来分析委员会的内部动态：

- 评估过程有多少人参与？
- 评估过程的参与人员是如何选择的？
- 评估小组中有哪些部门的代表？
- 你在评估小组中扮演什么角色？
- 评估小组的主要目标是什么？
- 我们讨论的解决方案如何与他们的主要目标相一致？
- 评估小组是否参与选择目前使用的解决方案，当初是如何选择的？
- 他们对你推荐的解决方案会有什么想法？
- 为了让评估小组的同事看到我们解决方案的价值，我需要帮你做些什么准备？
- 他们为什么不支持选择我们的解决方案？
- 如果他们当中有人不支持你推荐的解决方案，接下来会怎么样？
- 评估小组会如何做出决定？

从以上问题的答案中，你可以看到你的交易实力，也可以对导师的影响力水平有更清晰的了解。

只要对你赢得的交易做分析，你就会发现：

- 最赚钱的交易、最快乐的客户，都因为你拥有强大的导师。
- 没有导师（或者导师实力弱）的订单通常是靠低价拿到的。

审视你失去的交易，原因可能是以下二者之一：

- 缺乏一个实力强大、知行情、懂销售的导师。
- 导师得分较低，实力太弱，无法促成交易。

你要像"百科全书小布朗"一样，用你手中的侦探放大镜仔细观察每一个决策影响者。要找到合适的决策影响者并给予其适当的辅导，使其成为强大的导师，帮助你实现以理想的价格达成交易的目标。

本书中的概念之导师销售

要想以理想的价格赢得更多交易，你一定要找到一位坚定支持你的解决方案、对决策过程具有巨大影响力的导师，而且要指导他在公司内部推销你的解决方案。

|第 7 章|

如何化解销售"关单难"

我在第 6 章说过我热爱解谜，这股热情也被我运用到销售工作中。通过不断解开谁是最合适导师的谜题，我能够以理想的价格拿到源源不断的订单。除了寻找导师，我还发现解谜能力的另一个用武之地：获客流程的需求调研阶段。

经常有高管向我求助，因为他们认为公司的销售人员遇到了扼杀生意的重大问题。是什么问题呢？关单难！他们说："我的销售人员无法关单。"（我在前面的章节就提到，我讨厌用"关单"这个词。订单只会开花结果，并没有"关闭"。但"关单"的说法在销售领域似乎无处不在，所以我在本章中也使用了"关单"一词。）

每次听到这样的话，我都会反问他们的话是什么意思："是他们没有主动提出成交请求吗？"

他们说："不是，他们提了成交建议。"

"那么，是遇到了什么样的关单问题？"我问他们。

听我这么问，他们的话匣子马上就打开了。

"我的销售人员跟我汇报工作，说起正在跟进的几笔订单。他们一开始信心满满，觉得完全可以拿下。但到了获客过程的最后阶段，这些订单开始停滞不前。他们尝试联系一些决策影响者，结果也杳无音信。看到订单毫无进展，其他人也开始产生种种顾虑，提出各种反对意见，还故意拖延时间。就算我们能够拿下的订单，我们也不得不把价格降到不可接受的水平。以上种种，一言以蔽之：'我们遇到了关单难题。'"

听完这段诉说之后，我先对他们坦诚相告表示感谢，然后表示我不认同他们的结论。我告诉他们："根据你们所说的情况，我认为你们真正的问题不在于'关单难'，'关单难'只是真正问题的表象。"

他们对我的回答感到不解："那么，我的销售人员的真正问题是什么？"

那就得聊一聊销售行业普遍存在的根本问题了。不过，这个问题不是靠三言两语能说得清楚的。根本问题不在于终点线，而在于起跑线；关键不是在最后阶段如何拿下订单，而是在需求调研阶段如何发现客户需求。为了从根本上解决问题，我们需要运用一个与众不同的需求调研策略。

在跟买家沟通时，有些公司和销售人员会使用"需求调研"的说法："我们开一个需求调研会议吧。"这样说肯定会栽跟头的！需求调研是一个销售用语，是为我们内部战略发展服务的，绝不应该在跟买家沟通时使用。原因何在？因为买家一听到你说"需求调研"，就会认为自己接下来将会面对一个销售过程，他们马上就会心生警惕，对你小心防备。毕竟，谁会期待一个销售过程呢？如果你也使用这种说法，我建议你将它换成其他用词，比如"咨询会议"。在跟买家沟通时，销售人员应该使用能够传达价值和利益的语言，而不是使用销售领域的行话。

忘记你已经知道的东西

有一个最广为接受的销售假设：人们根据情绪做出购买决策，再用逻辑来证明购买决策的合理性。世界上几乎所有销售人员都曾听过这个说法，但大部分并没有将其运用到销售过程中，尤其是在新客户获得流程的调研阶段。

在给我辅导的客户做销售培训时，我经常和他们一起制定调研策略。我发现，他们往往会把调研的重点放在获取数据和分享信息上。他们对调研过程的思考完全是从逻辑角度出发的。当然，从逻辑角度出发也没有什么错，只是仅从逻辑角度出发还不够。

促使买家有所行动的是情绪，而不是逻辑。有多少次你向买家提出可以带来巨额商业回报的提案，而买家从未采取行动？我们都经历过这样的情况。你的提案确实有根有据、合情合理，从逻辑角度来说，买家应该会采取行动，但你的订单仍然没有任何进展。这是因为你漏掉了非常关键的一步：持续激发买家的情绪，直到他对你的解决方案采取行动。

促使买家有所行动的是情绪，而不是逻辑。

不管你卖什么产品，在跟你会面之前，买家都对当前的情况持有某种情绪。我举一个很容易理解的例子：吸尘器。在你和买家就吸尘器产品进行需求调研会议之前，买家已经产生了某些情绪，正是这些情绪让他们决定与你会面。例如，地毯总是扫不干净，让他们感到懊恼；现有的吸尘器总是出故障，让他们感到恼火；家里有人患有过敏症，让他们感到担心。正是因为这些情绪，他们才会接受你的会面邀请，跟你谈一谈新的吸尘器。换言之，销售人员要问自己一个非常重要的问题：

在与我会面之前，买家对我要给他们解决的挑战已经产生了什么样的情绪？

了解清楚买家在会面之前的情绪后，销售人员还要问自己另一个重要问题：

在与我会面之后，我希望买家会产生什么样的情绪？

销售人员可能了解买家在会面前的情绪，但不一定知道买家在会面后会有什么情绪。如果不回答这个问题，你怎么可能引导买家完成情绪转化，进而采取行动？你做不到，也不可能做到。最糟糕的是，你的订单很有可能会停滞不前。

因此，你要把客户的情绪转化纳入你的需求调研策略。首先，你要列一张清单，把买家在与你会面之前可能出现的所有心理状态都列出来。对于每一种心理状态，你都要问一问自己：

为什么他们会有这样的感受？以下是一张潜在买家常见的情绪和感受清单：

• 可靠	• 羡慕	• 悲观
• 害怕	• 欣喜若狂	• 负责任
• 愤怒	• 兴奋	• 悲伤
• 焦虑	• 孤立无助	• 满足
• 落后	• 恐惧	• 惊恐
• 争强好胜	• 懊恼	• 怀疑
• 自满	• 开心	• 底气十足
• 担忧	• 见多识广	• 富于同情
• 自信	• 富有灵感	• 惊慌失措
• 困惑	• 感兴趣	• 怯懦
• 富有创意	• 好奇	• 得意扬扬
• 沮丧	• 不甘	• 善解人意
• 失望	• 紧张	• 无力
• 不受尊重	• 乐观	• 无知
• 强大	• 自负	• 无依靠
• 充满活力	• 不知所措	• 忧心忡忡

然后，你还要列一张清单，把你希望他们在与你会面后出现的心理状态列出来。同样，对于列出的每一种心理状态，你都要问问自己：为什么希望他们在会面后有这样的感受？比如

吸尘器的例子，你可能希望买家在会面后感到自信：相信自己找到了一个可靠的吸尘器产品，可以彻底清除地毯上的过敏原。

在制定需求调研策略的过程中，明确买家会议前的情绪和会议后该有的情绪其实是比较容易完成的任务。真正棘手的是制订一个情绪转化计划，使买家的情绪从会议前的感受转变为你希望他们在会议后产生的感受。以下是几个在调研阶段引导买家情绪转化的技巧：

- 向买家提问，引导他们从情绪上评估当前的处境，并认识到新的解决方案可以带来的机会。
- 跟买家分享能够激发情绪的信息，比如其他客户的成功故事。这些客户也曾经面临同样的困境，但他们通过新的解决方案成功摆脱了困境。
- 向买家展示图片、图表，突出重要的信息点。记住，大多数人都属于视觉型学习者，因此有必要利用图像来激发买家的情绪。
- 如果条件允许，在现场或者用视频向买家演示解决方案的操作方法。比如可以在现场开机试用吸尘器。

如果你未能以理想的价格拿下订单，你可以看看是不是在需求调研阶段没有处理好买家的情绪转化问题。你的需求调研策略必须以促使买家完成情绪转化为重点，否则你的订单就可能无法开花结果。

看牙医与需求调研

情绪促使买家行动，但逻辑也很重要，因为买家用逻辑来证明自己的购买决策是合理的。为什么需求调研做不好，就会导致销售"关单难"问题呢？原因往往出在销售人员对买家的提问方式上。如果销售人员在需求调研阶段未能提出正确的问题，到了最后阶段，由于缺乏必要的信息，交易就会失去活力。更糟糕的是，销售人员手里没有重新激活订单的工具，更遑论以理想的价格达成交易了。

接下来，我要带你去一个你肯定不想去的地方：牙科诊室的躺椅。现在，你要到牙科诊所做一次常规的清洁和检查。在牙医助手为你清洗牙齿之后，牙医拿着一个锋利的金属钩状器械走进诊室。

牙医说："躺下，张大嘴巴。"

他将一束亮光照进你的嘴里，抓起那个锋利的金属钩状器械伸进你的嘴巴，放在最里面的那颗牙齿上，然后轻轻推动，看看牙齿是否牢固。然后，他有条不紊地用同样的方式逐一检查你的牙齿。

"就快结束了，"你暗自想着："只剩下一颗牙了。"

然后，让你害怕的事情发生了。钩子停留在最后一颗牙齿上，你痛得"啊"的一声喊了出来。

"啊哦！"牙医似乎有所发现，要对这一颗牙齿进行更深入的检查。在做检查准备时，他说："你可能有一颗龋齿，要做一些检测来确定到底是什么问题。"

然后，他集中精力检查那颗牙齿，以确定问题产生的根源和龋齿的严重程度。他的目标是对问题进行全方位的了解，并制定一个合适的解决方案。

牙医一开始用锋利的金属钩状器械检查全部牙齿只是一次粗略的扫视。那个金属钩状器械并没有解决任何问题，但它能够帮助牙医发现需要进一步检查的牙齿，进而全面了解那颗牙齿的情况。

这真是一个让人不舒服的牙科故事。我讲这个故事是为了与新客户获得流程的调研阶段进行对照。在调研阶段，销售人员通常只会提一种问题。其实，在大多数情况下，他们应该提两种问题。

横向提问和纵向提问

牙医一开始的粗略扫视，在调研阶段我称之为**横向提问**。这种提问为你解开"是什么"的谜团，帮助你发现买家可能在哪些地方存在痛点或挑战。

但是，销售人员通常会忽略另一种提问，我称之为**纵向提问**。这种提问为你解开"为什么"的谜团，比如应该在牙医用金属钩状器械发现一个疑似龋齿的时候提出来。纵向提问旨在全面把握客户当前面临的痛点或挑战，并以此为基础选择合适的行动方案。如果

纵向提问旨在全面把握客户当前面临的痛点或挑战，并以此为基础选择合适的行动方案。

销售经理认为存在"关单难"问题，我也会建议他们向销售人员进行纵向提问，以找到真正的问题所在。

比如，一位销售经理向我描述了手下销售人员和买家的对话。销售人员问买家"你希望什么时候实施新系统"，买家说"8月"。销售人员在笔记本上写下了"8月"，然后接着提出下一个问题。

"你希望什么时候实施新系统"是一个横向提问，解开"是什么"的谜团，但并没有告诉你"为什么"。因为横向提问无法揭示"是什么"背后的"为什么"，所以销售人员也无法从中获得推进订单所需要的工具。然而解开"为什么"的谜团的纵向提问可以提供这样的工具。

我是热爱解开谜团的人，我想知道的远远不止买家希望实施新系统的日期。以下是销售人员根据"8月"这个回答可以展开的纵向提问：

- 为何选择8月实施新系统，8月有什么特别之处吗？
- 如果新系统到了8月还没有实施，会有什么后果？
- 目前的系统已经使用多久了？
- 为什么一直没有更换目前的系统？
- 为了满足现在的需求，你对目前的系统做过哪些调整？
- 为满足现在的需求所做出的调整都得到了什么样的结果？
- 是谁选择了目前的系统？

- 当时选择这个系统的时候，采用的是什么标准？
- 当时的选择标准会如何影响新系统的选择？
- 如果换一个新系统，其他哪些系统和流程会受到影响？
- 其他系统和流程是否会影响新系统实施的时间线？
- 如果新系统到了8月还没有实施，你个人会受到什么影响？
- 新系统如期实施对你有多重要？为什么？
- 新系统如期实施对公司有多重要？为什么？
- 现在花时间去解决实施日期问题是否值得？为什么？
- 为了如期在8月实施新系统，需要完成什么事情？
- 为了满足8月实施的时间线，需要哪些人参与其中？
- 哪些事情会阻碍新系统如期实施？

当然，你还可以往这张纵向提问清单增加问题。从以上例子中，我们可以学到一个经验：分析销售机会一定要全面深入，不能浅尝辄止。这张提问清单对买家回答的"8月"这一信息进行了全面分析，你将所有问题的答案汇聚在一起，就可以解开"为什么"的谜团。

由此可见，你记下的实施日期只不过是一个数字。然而你需要的东西要能推动订单前进，帮助你以理想的价格达成交易，这些东西都不是一个数字能提供的。不要只写下日期，然后接着问下一个问题。你以为订单正在向前推进，其实订单根本没有移动分毫。更糟糕的是，你手上并没有掌握能够推动订单前进的信息。预计达成交易的时间越近，你就会越痛苦地意识到你的订单毫无进展，而你无计可施，最终只能接受失败的结局。

是不便还是问题

几乎每一本销售书都在说，销售人员一定要在调研阶段找到买家的痛点或挑战。一听到买家说起面临的挑战，销售人员就开始垂涎三尺，以为买家已经为他的解决方案敞开了大门。遗憾的是，很多买家似乎只是说说而已，说完之后并没有任何行动，订单根本毫无进展，让销售人员大失所望。

为什么订单会停滞不前呢？因为销售人员没有对买家进行纵向提问，无法确定自己找到的痛点对买家来说只是一种"不便"，还是已经构成了一个"问题"。

"不便"只是让人烦恼，令人讨厌。在日常生活中，我们都会遇到一些烦人的事情，但我们并没有对此采取任何行动。我们忍受种种不便，直到不便升级为必须解决的问题。这一点很重要，一定要记住。买家确实对某件事情感到头疼，但这并不代表买家会对此采取什么行动。事实上，很少有人会仅仅因为"不便"而采取行动。

只有在面对问题时，买家才会采取行动。一旦发现不便已经升级为问题，他们就会意识到要马上采取行动解决问题。于是，他们开始寻找解决方案。如果买家面临的是一个问题，他们一定会投入时间、资源和资金去解决。如果只是一种不便，那就不一定了。要解决问题，就要寻找解决方案。

许多销售人员没有想明白这一点，所以他们的订单才会停滞不前。他们没有向买家进行纵向提问，所以他们不确定买家所说的挑战是一种不便还是一个问题，不便是可以忍受的，问题则必须要解决。如果你无法确定，你可以通过纵向提问（就像我在前几页罗列的问题那样）来了解买家的想法。

有时候，销售人员把买家讨厌的事情视为问题，其实买家只是感到不便而已。但是，买家讨厌的事情也是销售人员推动订单发展的重要机会。销售人员可以通过横向提问和纵向提问，让买家意识到讨厌的事情很快也会升级为问题，以此创造一种解决问题的紧迫感，促使他们采取行动。

另外，与你接洽的决策影响者可能觉得某件讨厌的事情是问题，但他的上级和其他同事并不这么认为。如何才能知道其他人是否有同样的感受呢？直接问呀！你可以向买家进行纵向提问，看看公司其他人对这件事情是否有同样的感觉。例如，你可以问他们："你的同事认为这是一种不便还是一个问题？"这个问题可以引导决策影响者思考其他人的感受，因此他们会有短暂的沉默，然后才会分享自己的想法。如果其他重量级决策影响者不认为这是一个问题，这笔订单就有可能会停滞不前；反之，这笔订单就有了向前推进的动力。

销售"关单难"问题

要想让订单保持前进的动力，横向提问和纵向提问都必不可少。在订单停滞不前时，你可以通过纵向提问获得重新激活订单的工具。

比如，看完你的提案后，决策影响者说："我们决定暂缓实施新系统。"

这句话让你意识到，你的订单遇到了阻碍。此时，在调研阶段只进行了横向提问的销售人员就会感到惊慌失措，因为他只知道买家计划实施新方案的月份，其他情况一概不知。但是，如果你在调研阶段进行了纵向提问，买家当时的回答就可以变成重新激活订单的工具。

听到暂缓实施新系统的消息后，销售人员可以跟决策影响者进行以下对话：

> "感谢你告诉我暂缓实施新系统的决定。几周前会面时，你跟我说过一些事情，现在我有点儿不太明白。你之前提到，实施新系统对你和公司都非常重要，因为目前的系统不可靠，公司为此已经超员20%，运营部门也未能达到几个关键的绩效指标。我想问一下，是发生了什么新情况吗？"

由于在调研阶段进行过纵向提问，销售人员便有了一个重新激活订单的机会，或者至少可以根据决策影响者所说的新情况调整方向，更换一个新的解决方案。如果在调研阶段没有进行过纵向提问，此时销售人员就别无选择，只能打开客户关系管理系统，将这笔订单标记为"终止"。

此外，还有另一个与调研相关的问题，正是这个问题让人们觉得自己陷入了销售"关单难"的困境。在 B2B 市场，销售人员会向客户公司推销解决方案，但往往不会去挖掘客户公司购买解决方案的商业驱动力。商业驱动力体现在数字上，会影响公司的财务状况，比如收入增加、成本降低、效率提升等。

如果你的解决方案能带来商业回报，那么你一定要利用纵向提问来把握订单的强大商业驱动力。

如果你的解决方案能带来商业回报，那么你一定要利用纵向提问来把握订单的强大商业驱动力。大多数客户支持购买你的产品、服务或技术，并不仅仅是因为"购买之后可以使事情变得更容易"。你的解决方案将会对客户公司的财务状况产生什么影响？你可以通过纵向提问来挖掘客户对这个问题的看法。如果你对客户的看法一无所知，那么你通往订单终点线的道路就犹如建在流沙之上，随时可能轰然倒塌。

训练纵向提问的能力

在销售中进行纵向提问是顺理成章的事情，为什么销售人员做不到呢？虽然我没有获得心理学方面的学位，但我对此确实有一点儿研究心得。我认为，问题的根源应该可以追溯到我们的童年时代。销售人员在调研阶段没有提出足够多的问题，归根到底，是受到他们父母的影响。

我们在孩童时都会问爸爸妈妈无数的问题。"天空为什么是蓝色的？""那个地方为什么这么小？""我们什么时候能到那儿去？"爸爸妈妈一开始会耐着性子回答几个问题，直到无法忍受，粗暴地将提问的大门紧紧关闭。"没有为什么，不要再问了。"渐渐地，我们便学会了不要问太多问题，如果问太多，别人就会对我们感到厌烦。因此，在调研阶段，销售人员也因为胆怯而不敢向买家提出太多问题。

成为顶尖销售人员必须具备一定的素质，也就是我所说的销售成功秘诀，其中有一个关键因素：自然而然的好奇心。拥有这种好奇心的销售人员会孜孜不倦地解开销售的谜团。这样的销售人员知道，促成交易的关键"证据"都是在调研阶段挖掘出来的。

对大多数销售人员来说，由于"父母的问题"，纵向提问并不是顺理成章可以做到的事情。所以，我们要训练自己的大脑，培养纵向提问的能力。我设计了一个练习，可以帮助你转变思维方式，开始以纵向提问的方式思考问题。经过训练，你将会逐渐具备在调研时全面分析、把握全局的能力。有了这种能力，在订单遇到阻碍时，你就可以有的放矢地调整解决方案，推动订单继续前进。

这个练习给出了买家对一个横向提问的各种回答，你要根据每一个回答进行纵向提问。对于每一个回答，你要在 3 分钟内写出尽可能多的纵向提问。我曾经要求我辅导的客户根据每个回答提供的那一点点信息写出 50 多个纵向提问。

　　不要妄想在一天内完成所有纵向提问练习。这个练习的目的是训练自己的思维，所以你可以每天（或每周）选一个回答来训练。更好的做法是与你的同事一起做这个练习，把这项思维训练变成一个集体活动。在 3 分钟限时结束后，跟同事交换提问清单，比较双方的问法。如果你们每个人提出 10 个问题，我敢说有一半会重叠。经过互相比较，你们的纵向提问能力都会有所提升。以下是买家对横向提问的回答：

- "我想塑身。"
- "我想要红色墙纸。"
- "我想要纸板箱。"
- "我想为我家花园铺地膜。"
- "我想要一支自动铅笔。"
- "我想要一块蓝色地毯。"
- "我想要一部智能手机。"
- "我想结婚。"
- "我想要一台笔记本电脑。"
- "我想要一个手提箱。"
- "我想要一个沙发。"
- "我想要一台电视机。"
- "我想要一扇木门。"
- "我想去度假。"

要不要提高要求，试一试更有挑战性的纵向提问思维训练？以下是买家对纵向提问思维训练的另外 4 个回答：

- "我想外包一项行政职能。"
- "我想我们的操作流程实现自动化。"
- "我想减少操作的错误率。"
- "我想买一个客户关系管理系统。"

高管们认为销售人员存在"关单难"问题，事实并非如此。通过一个与众不同的需求调研策略，你可以解开销售"关单难"的谜团，找到真正的问题所在，从而能够有的放矢地调整解决方案，推动订单继续前进。

本书中的概念之需求调研

全面深入的需求调研是推动订单前进并以理想的价格拿下订单的重要基础。

| 第 8 章 |

巧妙消除销售异议

如果你读过我的《差异化营销》一书，看到这一章的标题，你可能会感到惊讶。在那本书中，我分享了我对交易障碍的看法。在争取达成交易的过程中，销售人员会遇到各种交易障碍。我认为，"交易障碍"不是买家的异议，而是买家的关切。如果销售人员认为那是异议，那么他们的销售策略就是跟买家吵架，因为他们必须克服异议。如果他们把"交易障碍"视为买家表达的关切，那么他们的策略就是与买家坐在办公桌的同一侧（象征性的，不是字面意义上的），共同来解决这些关切。

请放心，我对交易障碍的看法并没有改变。我仍然坚信，销售人员应该努力解决关切，而不是试图克服异议。然而，销售领域的大多数人仍然使用"异议"的说法，我也只好使用这一术语作为本章的标题。但是，我并不建议你用"克服异议"的思路来处理"交易障碍"。

销售人员应该努力解决关切，而不是试图克服异议。

我敢打赌，一看到标题，你就知道本章要讨论的主题。大多数销售人员都说，他们做销售的头号挑战是价格。他们向买家报出一个价格，买家回复说报价太高，于是他们只有两个选择：失去订单或者降低价格。作为销售顾问，我的工作之一就是回顾过去的销售渠道，对失败的订单进行复盘，总结经验教训。销售人员往往会说，他们失去订单是因为"价格"问题。事实上，这从来不是失去订单的原因。

如果买家跟销售人员说他们选择了一个更加便宜的替代方案，大多数销售人员就会以为自己失去订单的原因是报价太高。买家可能会这么说，但这并不是交易失败的真正原因。如果买家提到价格问题，他们想表达的并不是对价格的异议，而是在给销售人员提出建设性的批评意见，即销售人员展示的价值与所报的价格并不相称。价值与价格是天平的两端，当价格问题被提出来时，说明报价已经超过了销售人员用来使产品差异化和销售差异化的砝码。也就是说，他们没有向买家展示足够有意义的价值来支撑解决方案的报价。

目标错误只会白费力气

我在本书的引言中说过，我对差异化销售的灵感来自一份暑期工作。那次打工的经历给了我几个重要启示，其中之一是销售一定要找准目标人群。有办法、有时间送洗衣物的人觉得我们的服务报价"贵得离谱"。他们错了吗？绝对没有！他们是百分之百正确的！我们销售的服务并不适合所有人。只有没有办法、没有时间送洗衣物的人才会看到我们这项服务的价值。

刚开始推销时，戴夫也犯了一个销售人员经常犯的错误：浪费时间追逐根本不可能接受报价的客户。那些客户永远无法理解产品的价值，永远不会觉得产品配得上报价。

这也是我不用"理想客户档案"这一说法的另一个原因。"理想客户档案"的说法向销售人员传递了错误的信息，导致一系列定价问题。"理想"这个词意味着这是一个公司非常希望得到但非常罕见的机会。"目标客户档案"则清楚地说明你应该瞄准的客户的特征：能看到你销售的产品的价值。这便为你制定与众不同的定价销售策略奠定了基础。

运用价值认知策略的关键是开发客户时选择正确的接触对象。在向潜在客户发送电子邮件或拨打电话之前，你要仔细想一想谁会认为你销售的产品最有价值。如果你的产品会对潜在客户的财务状况产生重大影响，最好的接触对象就是负责损益（P&L）的决策影响者。他们将会看到你的产品的最大价值。

总拥有成本和投资回报率

我的女儿洁蜜（Jamie）在读大学时第一次租房子。在去看房子的时候，她发现了一套非常豪华的公寓，简直像宫殿一样。跟我说起时，她的态度十分谨慎，因为她"知道"那套公寓的租金一定非常高。

她说："那栋房子真是太棒了。一楼有一个健身房，每间公寓都家具齐全，每间卧室和客厅都有平板电视机。"

我们继续聊着，她告诉我她看上的另一套公寓的情况。那套公寓的租金比那套"宫殿"公寓每月低100美元，她非常想去签约把它租下来。她还告诉我，如果租第二套公寓，我们要自己买卧室和客厅的家具，电视机也要自行购买。另外，她想锻炼身体，需要购买一张健身房的会员卡。

尽管她非常想租那套更贵的公寓，但她还是决定放弃，选择租更便宜的那一套。我问她："你为什么觉得这套公寓更便宜？"

她不解地看着我说："因为每月的租金少100美元啊。"

我回答说："这倒是真的，但如果租那套更贵的，我们就不需要购买家具、电视机和健身卡了呀。"

于是，我们分别列出了两套公寓的费用清单。令她惊讶的是，租金更高的公寓反而更划算。在给了我一个大大的拥抱之后，她马上带着灿烂的笑容去签下了租约。她刚刚学到了一个非常重要的销售概念：总拥有成本（total cost of ownership，TCO）。

这笔销售的提成应该归我啊，我把那套更贵公寓的销售人员该做的工作给做了。如果我女儿对那套租金更高的公寓的看法没有改变，他就失去这笔交易了。销售人员总不能指望买家（或者父亲）自己做定价分析来确定一笔交易是不是划算。定价分析是销售人员的责任，销售人员要坚决承担起来。

对于总拥有成本优势较大或者投资回报率（return on investment，ROI）较高的产品，销售人员通常犯的一个错误就是没有提供一个财务模型来支持产品。销售人员只会强调产品能带来"巨大的节约"，具有"强大的总拥有成本和投资回报率"优势,但他们没有让买家看到具体的财务影响。你要开发一些财务模型来帮助买家认识到你的解决方案的重要价值。只要买家将自己的数据输入模型,马上可以算出你的解决方案可以帮他们节约多少成本。你不能笼统地解释,泛泛而谈缺乏让人眼前一亮的"活力",听起来没有可信度。所谓眼见为实,要想办法让买家亲自看一看。

有效地展示投资回报率是消除价格顾虑的最佳方式之一。你的解决方案的报价比替代方案高一点,但可以使总拥有成本减半或者投资回报率翻倍,如果是这样的订单,你应该永远都能按报价达成交易。关键是在需求调研过程中将逻辑(财务状况)与买家的情绪(他们对财务影响的感受)联系起来,本书第7章已经对此有过详细讨论。

有时候,销售人员无法获得用来计算财务影响的数据,或者买家不想分享这些数据。因此,在设计"总拥有成本/投资回报率"计算模型时,你要准备好占位数字或者基于假设的计算结果。如此一来,即使买家没有精确的数据,你也可以估算出"总拥有成本/投资回报率"。

在跟买家会面之前,一定要准备好"总拥有成本/投资回报率"计算模型。打印机就是一个很好的销售案例。比方说,你销售的打印机价格比竞争对手的要高,但你的墨盒(打印机制造商真正赚钱的地方)使用寿命比竞争对手的更长。长期来看,你的解决方案会比竞争对手的更便宜。不过,千万不要指望你的买家能搞清楚这一点。你要用一个"总拥有成本/投资回报率"计算模型来证明你的打印机的每页打印成本将会更低，以此消除买家对价格的关切。

　　在选择潜在客户并决定谁是合适的接触对象时，你应该运用价值认知策略，只选择能看到你的产品价值的客户和接洽人员。这个策略可以帮你排除永远不会按报价购买你的产品的客户，避免浪费宝贵的销售时间。

价格真的很重要吗

　　销售人员对价格问题非常敏感，但他们很少觉得自己的报价在市场上太低，反而经常觉得太高。在这方面，销售人员浪费了大量的时间和精力。是的，产品的定价必须与产品的价值相称，但向买家展示产品的价值是销售人员的责任。

　　销售人员确实肩负着向客户展示产品价值的责任，但在那之前，管理团队也有责任需要履行。太多公司没有培训销售人员如何向买家展示有意义的产品价值。有些公司高管甚至连他们自己都无法说清楚产品价值该如何展示，就开始让手下的销售人员去销售产品。在对销售人员进行培训之前，公司要先制定一个产品价值展示策略。

　　高管们可能会把展示产品价值的责任全部留给销售人员，这种做法一定会导致灾难性的结果。也有些销售人员最终会想出展示产品价值的办法，但大多数销售人员对此都束手无策。准确来说，为了展示有意义的产品价值，高管团队有责任制定一个与众不同的定价策略。然后，高管们要培训销售人员，教他们如何贯彻执行这个策略。只有经过培训后，销售人员才能正确地执行定价销售策略，最终以理想价格赢得更多订单。

如果没有这样的培训，你要么不断地降价来赢得交易，要么频繁地更换销售人员，但无论如何，你的销售业绩始终无法达到理想水平。

销售人员对价格的影响过于敏感，也许是因为太重视价格的缘故。如果价格是最重要的决策因素，那么我们都会：

- 穿最便宜的衣服。
- 吃最便宜的食物。
- 用最便宜的手机。
- 开最便宜的汽车。
- 住在最便宜的房子里。
- 使用最便宜的卫生纸。
- 看球赛时坐位置最差的座位。
- 用单刃剃须刀刮胡子。

记住，很多客户都会从你的公司采购。我敢打赌，采购的原因并不是产品的价格低，而是销售人员在获客流程中向客户展示的产品价值。

如果你不知道客户为什么购买你的产品，你可以把"询问采购原因"这项内容添加到你的"待办事项"清单中。不要猜测答案是什么，你要听到事实性信息。最近，我在争取一笔交易，竞争对手包括全球最大的几家销售培训公司以及业内一些独立从业者。最终，我在激烈的竞争中脱颖而出，成功拿下了这笔交易（是的，以理想的价格）。客户为什么选择我的公司，我以为我是知道的。但在签单后第一次打电话时，我还是问了他们这个问题。如果我自以为是，用猜测得出一个答案，那么我就大错特错了。因此，你要开口问一问你的客户为什么选择你，这样你就可以从经验中学习，日后也可以利用这次经验，让自己能够以理想的价格拿到更多订单。

失去一笔交易并不完全是坏消息。当然，我们期望自己能够拿下每一笔交易，但无论在任何销售环境，这样的期望都是不现实的。你不可能期望销售人员拥有百分之百的赢单率。对你和你的公司来说，一笔失败的交易应该是一次学习经历。如果交易失败，我会鼓励销售经理与买家联系，请求一次简短的电话交谈。之所以主动联系买家，不是为了让买家回心转意，而是要复盘看看自己哪里做得不对，找出交易失败的原因。如果买家说是因为价格，这说明销售人员未能充分展示产品的重要价值，不足以支撑产品的报价。

那么，价格是否重要？当然重要！除了值得花钱的部分，没有人——包括你和我——会愿意多花一分钱。如果我们没有看到足够重要的产品价值，价格将永远是我们唯一的决策因素。因此，销售人员一定要把产品的价值充分展示出来，作为产品报价的支撑。

退缩测试

经过漫长的新客户获得流程，现在是时候提交一份包括定价在内的提案了。你花了无数的时间，终于把一个全面的解决方案写成了一份完美的提案。你付出的努力终于取得了一些成果，你为自己感到自豪。带着这种自豪感，你把这份提案交给了买家。她翻开提案，跳过了"关于你的公司""你的解决方案"等部分，直接翻到定价页看了一眼就惊呼："啊，天哪，我没想到会这么贵！"

接下来发生的事情将会决定你能否按报价赢得交易。采购领域有一个商业秘密，我称之为"退缩测试"。在报价时，采购代理和专业买家都会对销售人员进行"退缩测试"。

"哇！你的报价比你的竞争对手高了25%。"这些采购专家训练有素，装出惊讶的样子，想试探销售人员是否对刚刚的报价有信心。这不过是一种谈判策略而已，有时候他们甚至还会夸大价格差异。此时，只要你快速算一算就会发现，他们说的竞争对手的报价其实是假的。

我记得有一次，一个采购代理声称我们的报价比竞争对手高了50%。我看了一眼具体数字，如果那个报价是真的，根据我们都要支付的固定成本，竞争对手会亏损18%。显然，竞争对手极不可能接受这种亏本交易。当我向采购代理核实50%这个比例时，他退缩了。最终，我们以理想的价格赢得了这笔交易。

销售人员的考核依据是销售指标，采购人员的考核依据是采购指标。他们在各项指标的表现会影响他们的工资和奖金。采购人员要为雇主的最佳利益服务，所以一定会向你要一个更低的价格。这并不代表你要同意给他们低价，只是他们必须要提出来，所以你要做好准备。

通过"退缩测试"的关键是要对你的报价有信心。如果你不相信你的报价是合理的，那你为什么要报出来？人家希望你有诚信，那你为什么要报一个连你自己都不相信的价格呢？

在报价时，如果你给买家以下这些回应，你就一定无法通过"退缩测试"：

- "你想要什么价格？"
- "我会问问我的经理，看看是否可以更优惠。"
- "如果我降价10%，你觉得怎么样？"

这些都是失败的回应，因为它们会让买家产生怀疑，会导致信任危机。你报出这样的价格，是想"狠狠宰他们一刀"吗？事实只能是两种情况之一：要么你想占他们的便宜，要么你相信你的报价是合理的。不然的话，还有什么其他选择？

有些销售人员说，他们等着跟买家进行价格谈判呢。这话说得也有道理。但是，在别人犹豫的时候，你还给人一种要降价的印象，这种谈判策略一点也不高明。你这样做只会让人觉得你有意要占他们的便宜。有了此举后，你还想与客户建立健康的关系吗？我只能祝你好运了。

大多数谈判的结局都是各退一步，走折中路线。你要价十块，他们想给你五块，最后以七块五的价格成交。这样的结果似乎是合乎逻辑的。然而，如果你忙不迭地降低价格，折中价格就会越来越低。在同样的情况下，如果在谈判一开始你就降到八块，折中价格就变成了六块五。我前面也提到，你必须控制好谈判节奏，使折中价格不低于你的心理价位。

成功的销售人员有一套应对"退缩测试"的方案，我姑且称之为"罐头反应[①]"方案。他们不会期望买家对报价有什么热烈的响应。他们已经预料到买家的震惊反应，而且事先准备好了应对之策。以下是他们的应对秘诀。

- **提前设定预期**。在一开始时，成功的销售人员就会告诉买家，他们的报价不会低，这就提前设定了预期。你可以跟买家说："先说清楚一点，我们公司很少有报低价的时候。是不是按这个价位，我们在这个项目上就不可能合作了？"如果买家说"是"，那么后面的事情就很简单了，你也不用多费心思。如果买家说"不是"，你就可以询问投资回报率和总拥有成本对购买决策的影响。如果他们觉得投资回报率和总拥有成本都不重要，那么你得做好心理准备，就算最终达成交易，成交价也不会是你想要的价格，所以不要对这样的客户投入过多时间。如果注定要失败，那么还是早点失败比较好。

- **不要退缩！** 成功的销售人员会说："你对我们报价的反应，我一点也不惊讶。'你们报价太高啦'，这样的话我经常听到。我在一开始就说过，我们公司向来很少报低价。不知道你说的报价高是跟什么产品比较，要不我们再仔细看一看提案，确认一下它们

---

① 源自"罐头笑声"（canned laughter），又称背景笑声，指在"观众应该笑"的电视片段插入事先录制的笑声。——译者注

是否具有可比性？"这是一个很好的展示机会，你可以提醒买家你的解决方案有什么重要价值，跟替代方案相比有何不同之处。

- **寻求相互理解**。成功的销售人员会问："你说你对报价感到震惊，具体来说是哪些地方让你感到震惊？"你需要知道买家觉得哪些部分的价格太高，这样你就可以有的放矢地加以说明。

- **了解买家的想法**。成功的销售人员会问："你说我们的报价太高，那是相较于什么而言的呢？"千万不要猜测。要开口问！他们拿来比价的东西也许是你从未考虑到的，可能是他们的预算金额、他们目前解决方案的价格、另一家投标公司的报价或者他们自己计算出来的数字。你得知道他们比价的基准，这样才能做出有效的回应。

- **强化立场**。成功的销售人员会说："我们公司很少靠低价中标，跟我们合作的公司有一千多家，他们宁愿多花点钱也要选择我们而不是我们竞争对手的解决方案。你觉得他们是看中我们什么呢？"这个问题会让买家换个角度想一想你的报价是不是真的太高。

有所舍弃，就得有所收获。如果你愿意在价格上让步，那么相应地，买家愿意给你什么回报？你的"有所收获"对你和你的公司都应该有价值，比如说：

- 增加订单规模（销量）。

- 缩短付款周期。

- 延长采购合同的签署期限。

- 缩减交易范围/要求。

- 提早/延期交付。

- 把你介绍给其他业务部门或其他公司的高管。

- 配合你的市场营销部门开发商业案例。

- 在有需要时做你的推荐人。

经常有高管和销售人员问我，我参加过那么多销售培训项目，哪一次是我认为最好的。我的答案总会让他们感到惊讶，因为他们以为我会说出全球顶尖销售培训公司的名字。

多年前，我曾有机会参加采购代理培训。这就是我参加过的最好的培训！你可以把它理解为对采购人员的销售培训。我从中收获很多，因为那次培训教的是专业买家采购产品和服务的方法。

在休息期间，我与教员就报价问题进行了一次有趣的谈话。他告诉我：

> "我在公司的职务是采购主管，25年来，很多销售人员来向我咨询提案的报价问题，而我对每个人的回答都是一样的。'只要报一个你可以接受的最低价格就可以，无论买家接不接受，你都是赢家。'听了我的回答，每个人脸上都是一副疑惑的表情。"

他继续解释说："如果我们按报价把订单给你，你会很高兴。如果我们以更低价格把订单给别人，你也会很高兴，因为如果让你按那样的低价跟我们的客户做生意，你也不会乐意。"

告诉你们一个小秘密吧，我每次去采购都会用"退缩测试"这一招。销售人员降价速度之快令人惊讶。我敢说，我已经为我们家节省了20%的花销，而我所做的只不过是在听到报价时做一个简单的回应而已。难怪专业买家都喜欢用这一招。销售人员因为报价时退缩丢失了多少提成？你因为报价时退缩丢失了多少提成？

你因为报价时退缩丢失了多少提成？

了解买家关切背后的原因

当价格问题被提出来时，很多销售人员以为自己了解买家的关切。这个错误认知将会给他们的订单带来一个致命的缺陷！事实上，买家产生关切的原因一开始是很难确定的，因为很多问题都可能引起买家关切。

- 是他们购买产品后的使用频率问题吗？
- 他们是否负担得起？
- 他们找到了价格更便宜的类似产品吗？

当然还有其他原因，但你应该能明白我的意思了。一句话：如果不知道价格关切的原因，你就不可能帮助买家解决价格关切。我举一个生活中的例子吧。我住在明尼苏达州，在我们那里，家里有船是司空见惯的事情。按人均计算，没有哪个州的船主数量比得上明尼苏达州。然而，对我来说，拥有一艘船是十分昂贵的。不是因为船的价格，也不是因为维修费用，甚至不是因为泊位的价格，而是因为我们这里的划船季节很短，就算买了船，使用频率也非常低，不值得那个价钱。

此外，在我 3 个孩子很小的时候，我给他们买过电动玩具车。每辆车的价格都超过 300 美元，对有些人来说很贵，但对我来说很便宜。为什么呢？因为孩子们玩了好几年。在我看来，每一分钱都花得物有所值。即便是高价购买的东西，只要使用的次数足够多，我就认为它配得上我的心理价位。

反过来，和大多数父母一样，我也买过许多 20～30 美元价格范围内的玩具，但孩子们可能只玩了一两次就把它们扔到一边，再也不碰了。对我来说，这才是昂贵。

有些价格关切涉及财务问题，即买家是否负担得起你的解决方案。有些销售人员会根据买家的预算来报价，以免超出买家的预算。为什么要用买家的预算限制住自己呢？又或者说，如果人家对你的产品没有预算怎么办？

你要把时间投资给能够创造预算的人，而不是受预算限制的人。

我是一个销售管理战略家，没有一家公司会为我制定预算。但是，如果你与级别足够高的决策影响者合作，向他们展示足够重要的价值，那么定价就不会是问题。根据我的经验，中层管理人员往往会受到预算限制。

如果发现了能提供重要价值的解决方案，高层管理人员总能找到资金来解决预算问题。你要把时间投资给能够创造预算的人，而不是受预算限制的人。

有时候，买家之所以提出价格关切，是因为他们发现了价格更低的相同产品或类似产品。我在就业背景审查行业工作时，遇到有些买家拿 9.95 美元的数据库搜索服务和一个综合性的刑事法院搜索服务进行比价。就价格和解决方案本身而言，比较这两个搜索服务就像拿苹果和橘子比较一样，完全没有可比性。但厉害的销售人员能够解释两者之间的区别，让买家明白他们需要的是综合搜索服务。

实际上，9.95 美元的搜索服务比综合搜索服务更昂贵，因为通过前者根本搜索不到什么可靠的信息，对招聘过程几乎没有任何帮助。如果客户选择了前者，那么他们就白花钱了。

如果买家说对报价有意见，他们的意见也不是针对价格本身，而是针对你的产品价值是不是配得上你的报价。最为重要的是，你必须相信你的产品的价值。如果你无法百分之百相信自己的产品值得那个价格，那就另谋高就吧！我向你保证，如果你自己都不相信那个价格，那么其他人就更不可能相信。

本书中的概念之定价

你要努力争取的客户和决策影响者必须能看到你的产品的重要价值，而且能够创造预算而不是受制于预算。

| 第 9 章 |

消除客户恐惧，赢得新订单

埃弗里·布兰登（Avery Brandon）在接待厅迫切地等待着。他马上要和 ABC 工业公司的雷吉娜·雅各布斯（Regina Jacobs）见面了。几天前，埃弗里与雷吉娜通过一次电话，双方聊得很不错，便约定今天进行一次需求调研会议。埃弗里心里暗暗祈祷，希望一切顺利，因为他还没有达到今年的收入目标。他真的需要这笔交易顺利完成。

雷吉娜带着微笑走了进来，与埃弗里握了握手，然后带他回到她的办公室，请他在她办公桌对面的椅子上坐了下来。

寒暄过后，埃弗里开始转入正题："雷吉娜，我在电话里说了什么，让你决定和我见面？"

雷吉娜沮丧地回答道："我该从何说起呢？我们对目前的供应商很不满意。我们下了订单，但他们交付的东西货不对板，完全不符合我们的要求。而且拖拖拉拉，最终交付的日期总比承诺的日期晚。我们和他们的客户经理谈过，但他的回应很不积极，也没有解决这些问题。我的团队一筹莫展，不知道该拿这个供应商怎么办。当你联系我时，我觉得我们是时候要去了解一下其他供应商了。"

听到她的担忧，埃弗里禁不住欣喜若狂。他的公司在精准交付、准时交付方面有非常耀眼的记录。他也是一个回应迅速、积极主动的客户经理，并引以为豪。客户经常给他的销售经理发电子邮件极力称赞他的优质服务。

埃弗里按捺住内心的兴奋，开始介绍他的公司会如何对待像她这样的客户。他还谈到了他自己管理客户的方式。

雷吉娜靠在椅子上说："你们好得简直令人难以置信，今天跟你见面让我感到非常高兴！如果我们把供应商换成你们，可以多快开始合作？"

埃弗里感觉就像中了彩票一样。在与雷吉娜谈了大约一个小时后，他回到了车上。还没有回到办公室，他在停车场就给销售经理打电话，跟他分享这个好消息。

"我刚刚和 ABC 工业公司的雷吉娜·雅各布斯见了面，我们完成了一次调研会议，谈得非常愉快。她对目前的供应商有诸多不满，遇到很多问题，解决这些问题正是我们公司的强项。她还问到我们多快可以开始提供服务。这笔订单已经十拿九稳了！"

在接下来的几个星期里，埃弗里多次联系雷吉娜，想继续跟她谈谈流程的进展，以便推进合作。然而，无论是电子邮件还是语音留言，她都没有任何回复。埃弗里感到十分惊讶，毕竟他们在初次会面时谈得很顺利。

星期五早上，埃弗里终于收到了雷吉娜的电子邮件：

> 埃弗里：
>
> 很抱歉，这么晚才回复你。我很感谢你与我见面。经过深思熟虑，我们决定暂时不做任何改变。
>
> 祝好。
>
> 雷吉娜

埃弗里的心一下子沉到了谷底。这笔交易原本是他今年达成销售目标的希望，现在交易黄了，希望也破灭了。他不知道自己哪里出了差错，也不敢把这个可怕的消息告诉他的销售经理。

埃弗里到底犯了什么错误呢？

一种令买家动弹不得的恐惧

每一笔交易都有一个潜在的交易杀手。这是每一笔交易都存在的风险，无论你面对的是企业、消费者还是政府。有些买家会把自己的忧虑告诉你，而有些买家，比如雷吉娜，则保持沉默，但他们的行动会暴露这种能够扼杀交易的忧虑，即**对变化的恐惧**。

在考虑改变流程或更换供应商时，买家都会停顿片刻。此时，他们的大脑在飞速运转：

> "虽然我对目前的供应商不满意，但换一家供应商也可能没什么不同。如果我做出决策更换供应商，情况反而变得更加糟糕，那么我在这家公司的职业生涯就岌岌可危了。"

这种恐惧是如此强烈，以至于买家不敢采取任何行动。即使知道目前的情况很糟糕，他们也不敢采取必要的措施加以改进。有一句古老的谚语：**跟认识的魔鬼打交道总比跟不认识的魔鬼打交道好**。正是这句谚语让买家踌躇不前。

还有一个古老的销售笑话说的也是这种恐惧。一个人即将离开人世，就在他咽气之前，魔鬼前来跟他见了一面。

魔鬼说："你可能听到一些说地狱很可怕的故事，但那些故事都不是真的。你跟我走一趟，自己来看看吧。"

他同意了，和魔鬼一起参观了地狱。魔鬼说的没错，那里天气宜人，食物美味可口。

他对魔鬼说："这个地方太棒了，我死后也要来这里。"

第二天，他去世了，下了地狱。然而，地狱的样子与他前一天看到的完全不同。天气非常恶劣，食物也很糟糕。他失望至极，跑去质问魔鬼是怎么回事。

他对魔鬼说："我不明白了，昨天明明天气好得很，到处都是美味佳肴，今天却变得那么糟糕，这到底是怎么回事？"

魔鬼笑着回答说："因为昨天你还只是一个潜在客户啊。"

这个笑话正好说明了买家对变化的恐惧。差劲的销售人员对客户撒谎，导致客户产生不切实际的期望，销售职业也因此

为人诟病。大多数买家都害怕被狡猾的销售人员欺骗。他们听到的话语很有说服力，但恐惧会按住他们签约的手。他们知道，

差劲的销售人员对客户撒谎，导致客户产生不切实际的期望，销售职业也因此为人诟病。

就像那个临终的人一样，他们只是潜在客户，还没有成为客户。

2019 年，高德纳公司（Gartner）就参加企业采购决策的人数进行了一项调查。

结果显示，参加企业采购决策的平均人数是 6.8。就在那之前两年，该公司发布的另一项研究显示这个数字只是 5.4。虽然高德纳没有对此进行说明或者得出什么推论，但我认为，参与决策过程的人数有所增加的主要原因之一就是决策者对变化的恐惧。没有人愿意在出状况时做那个担责的人。参与决策的人越多，责任就会越分散，风险也会越分散。

你可以通过一个方法来帮助买家战胜对变化的恐惧，使他们对你的公司如期执行合同的能力深信不疑。换言之，面对这种状况，你要使用一个与众不同的客户激活策略。

定义客户激活

要消除买家对变化的恐惧，你的公司要制定一个明确的方案实施流程，这是至关重要的一步。你可能把这个流程称为"方案实施""过渡"或者"客户激活"。无论你用哪一个，这几个名称指的都是同一个阶段。这个阶段从买家说"是的，我们想把供应商换成你的公司"开始，到买家全面使用你公司的产

品结束。根据这个流程，客户将会从目前的状态顺利转入与你的公司合作的状态。有了明确的方案实施流程，你就能让买家相信，你准备了一个条理清晰的计划，能够有条不紊地指导他们顺利完成过渡。清晰的方案实施流程还可以消除买家对变化的恐惧，使他们不再担心改变引发的风险、时间和阵痛问题。销售人员应该将方案实施流程产品化，这一点我在本章后面会进行详细分析。

瞧！我用了"流程"这个词，意思是说所有公司都应该有这种实施方案。有些公司确实有这种实施方案，但遗憾的是，许多公司都没有。就算是有实施方案的公司，他们对客户激活的定义也很少适合用来向买家说明。但无论如何，除非你的公司才刚刚开业，否则你一定要制定一套帮助客户过渡到购买或者使用你的产品的方法。

如果你的公司还没有客户激活流程文档，你应该先把这份文档制作出来。你可以把客户激活视为一个项目，先写一份激活新客户的项目计划。虽然不同的客户会有细微的差别，但你应该能够把握基本的框架和内容。

我设计了一个与众不同的客户激活策略，包含以下 13 个步骤。

第 1 步：期望

想象一下，一个新客户已经在你的公司被完全激活。你希望他们**知道**什么，能够**做**什么，能够**使用**什么？

知道是指获取信息，如获取关于产品和服务的信息以及客户服务部门的联系信息。**做**是指采取行动，如下订单或预约服务。**使用**是指登录系统，如登录你的网站或订单管理系统。

列一张"知道—做—使用"清单，就能理清流程的其他步骤。

第2步：流程

根据第1步的客户期望来定义客户激活流程。要实现每一个期望，你需要列一张包含所有要完成的事项清单，每一个事项都要明确由谁来做以及何时完成。在清单中注明可以为新客户提供个性化服务的事项。流程应该是固定的，但又足够灵活，可以为每个客户量身定制。例如，如果你的公司有客户端，在客户第一次下单之前，你要把账号和密码告知客户公司的相关人员，并教他们如何登录和使用相关功能。

第3步：规划

为了使新客户轻松、顺利地完成流程，在过渡期开始之前，你要把客户需要准备的一切列出来。例如，你可能需要他们提供的网站用户名单、组织文档、历史数据等。

第4步：协作

明确团队中哪些部门和个人将会参与客户激活流程以及每个人将担任的角色。安排一个人作为主要沟通者，指导客户完成激活流程。单一联系人有利于确保两个组织之间能够顺畅沟通。

第5步：设置

确定你的后台系统所需要的后台客户设置要求。处理好这些细节问题，未来客户才能够开始与你合作。具体包括联系信息、客户的业务规则和订购规则。

第 6 步: 起点

进入激活流程时,新客户处于各种不同的状态。你要评估不同客户的情况,确定每个新客户的起点。有些客户是更换供应商,有些客户是第一次外包,激活流程需要适合不同客户的起点。我在前面提到它应该既固定又灵活,原因也在于此。

第 7 步: 沟通

在激活期间,与客户的沟通无论是对内还是对外都是至关重要的。选择一个合适的沟通策略,确保项目走在正确的轨道上。最佳做法是在内部制订一个项目计划并通报给客户。而且,一定要定期更新项目的进展情况。

第 8 步: 培训

明确客户公司内不同级别用户的培训要求以及培训方式。如果你有不同类型的用户,而且提供不同的培训形式(如面授、远程或应用程序),要确定哪一类用户适合哪一种培训方式。

第 9 步: 持续时间

确定激活流程的持续时间,即从客户签订合同到完全过渡到你的公司预计需要多少时间。不必是确切的天数或周数,只需要有一个时间范围就可以。但是,要确定哪些任务会导致流程加速或延迟。例如,如果客户未能在某个期限之前提供必要的信息,过渡期可能会延长。

第 10 步: 时间线

绘制激活流程时间线,在时间线上标明阶段性目标,让客户一目了然。分别列出会加速推进或延长客户激活流程的行动。了解情况的客户是快乐的客户,如果他们知道怎么做对自己更有利，过渡期就会进展得更加顺利。

第11步：过渡

要明确销售人员在客户激活期间应该扮演的角色。有些公司会有一个正式的交接过程，销售人员将客户信息转给客户激活团队，然后退出激活流程。也有些公司的销售人员从头到尾都参与其中。明确角色责任可以避免因分工不明确导致的内部矛盾和客户困惑。

此外，要明确销售人员需要从客户公司获得的信息，以便启动客户激活流程。有些公司有一张包含全部所需信息的表格，也有些公司有一个后台系统来解决这个问题，而有些公司则以非正式的方式来处理。关键是销售人员要清楚在启动客户激活以及过渡期间自己应该做些什么。

第12步：启动

成功的客户激活项目始于一项由两个任务组成的"启动计划"：首先是召开内部会议，要求受新客户加入公司影响的所有部门的代表参加；其次是与新客户召开启动会议，审核流程、阶段、时间线和依赖关系。此外，你还要清楚你在过渡期间的绩效评估标准，因此你要与新客户讨论他们对项目成功的定义。如果你知道他们追踪哪些指标以及如何追踪，你就可以把工作重点放在这些指标上。

第13步：反馈

在客户激活流程结束时，向不同用户、不同利益相关者调查过渡期体验，征求他们的意见和建议。最重要的是，要根据他们的反馈采取行动。如果是负面的反馈意见，要给客户打电话了解情况并解决问题，以巩固客户关系。

从你的内部团队征求反馈意见，以便提升下一个客户的激活体验。每一个客户的激活过程都是你的公司学习和改进的机会。好好利用这样的机会吧！

以上 13 步客户激活流程对 B2B 销售和 B2C 销售都非常有效。

打造客户激活流程产品

如前文所述，客户激活流程要实现"产品化"，将激活客户的一套方法当作一个在购买过程中"出售"的产品，并赋予其品牌名称，使其更具可信度。销售人员应该主动向客户推荐这个"产品"，而不应该等客户问起或者在交谈中随意提到。要把这个"产品"列入讨论的重点，以消除买家对变化的恐惧。

为什么将客户激活流程产品化如此重要？当买家正在经历对变化的恐惧时（买家都会如此），你必须给他们展示一套能帮助他们顺利过渡到你的公司的方法，才能消除这种恐惧。这套过渡方法体现了你的专业知识，能够让他们相信，他们在过渡期间将会以最低的风险获得你带给他们的好处。

将客户激活流程产品化，也就是要完成客户激活策略的 13 个步骤，然后将执行每个步骤得到的结果整合起来，编制成一份面向客户的文档。文档应该按时间线编撰，要覆盖客户激活流程的每个阶段。常见的阶段包括"项目启动""内部设置""安装""交付""用户培训""客户现场""反馈"。

销售人员不可以口头介绍这个流程吗？当然可以，但口头介绍是不会有什么效果的。大量的研究表明，65%的人都是视觉型学习者。大多数人需要看到才能理解。如果你只用口头方式介绍你的客户激活方法，那么你有三分之二的时间都在做无用功，你的交易也可能因为买家对变化的恐惧而遭到扼杀。

理想情况下，你把客户激活流程产品用白纸黑字写下来，编制成一份文档，这样也便于客户阅读。文档应该看上去既像一份项目计划，又像一个营销工具，事实上它就是如此。文档要提供足够的信息，要做得丰富多彩，还要包含你的公司标志和联系信息。

销售人员应该在什么时候提出客户激活的话题呢？只要你从买家那里收到积极的购买信号，你就可以说：

"我们的客户都很赞赏我们的激活方法。我们这套细致的方法已经帮助他们顺利完成过渡。要不我们把这套方法从头到尾梳理一遍？"

千万不要把这份客户激活流程文档放在文件夹里让他们自己去看，也不要用电子邮件发给他们回顾。我想你永远不会这样对待你的产品，客户激活流程文档也是你的一个产品。所以，你要以对待其他产品的方式对待这份文档。你要把客户激活流程的各个阶段从头到尾跟买家梳理一遍，他们若有任何疑问也可以随时提出来。

我们运用这个与众不同的客户激活策略，目的是让我们的销售比竞争对手更聪明、更灵活，从而打败竞争对手。要达到这个目的，你要做到买家认为很重要但竞争对手没有做到的事情。将客户激活流程产品化可以让买家对你和你的公司产生信心。有了信心，他们才会信任你；有了信任，他们才会选择你的公司，选择你的产品和服务。没有明确的客户激活计划的公司会给人一种小而不专的感觉，这样的公司无法抵御买家对变化的恐惧，最终只能败下阵来。

反向时间线法

反向时间线法是客户激活策略的工具之一，你可以利用这个工具促使买家采取行动。在买家表明期望启动运行的日期之后，你要把满足期限必须完成的步骤告诉他们。

买家提出了一个目标期限，但要完成什么工作才能使之变成现实，买家可能并不知道。现在，根据你的客户激活策略，你可以帮助买家制订一个计划。但需要注意的是，买家可能患有"后视镜综合征"，以为自己看到的东西还很遥远，但实际上距离已经非常近。他们知道要在短时间内完成多少任务吗？你可以跟买家进行这样的对话：

> 买家提出了一个目标期限，但要完成什么工作才能使之变成现实，买家可能并不知道。

你：你希望这个解决方案什么时候启动运行？

买家：2月1日。

你：你为什么选择2月1日？（就日期问题多展开几个纵向提问，多聊一会儿，不要一句带过。）

买家：2月1日是我们的财政年度开始日期，如果在当天启动这个项目，会计部门管理起来更加容易。

你：我们梳理一下2月1日启动前我们需要完成的步骤，会不会对你有帮助？

买家：非常有帮助。

你：在你和你的团队确定我们的解决方案适合你的项目之后，我们下一步的工作是和你的法律部门敲定协议。你认为敲定协议需要多长时间？

买家：大约四个星期。

你：今天是11月1日，我们需要给法律部门四个星期的时间来敲定协议，时间就到了12月1日。下一步，我们各自的团队将开始工作。这意味着项目工作从12月1日这一周开始。

买家：是这个日期。

你：通常情况下，各团队需要大约4周时间进行信息沟通并完成各系统的设置。考虑到假期，这一步要到1月8日才能完成。

买家：对……

你：下一步是培训你的团队使用系统，一般需要两周时间来完成，那时候已经到1月底了。也就是说，你们只有大约一周的时间来确定我们的解决方案是否合适。毕竟，我们都不希望过渡期太仓促，以免出什么差错。考虑到这个时间线，你希望接下来的工作怎么进行呢？

除了面对面梳理一遍，你还可以把时间线用电子邮件发给买家，方便他们传达给公司其他人员。以上对话可以帮助买家理解过渡时期要完成的任务以及所需时间，同时会让他们认识到，决策时间比他们想象的更为短暂。

如果埃弗里的公司已经将客户激活流程产品化，如果他给雷吉娜解释清楚过渡期间的工作流程和时间线，兴许他就可以帮她克服对变化的恐惧，能够以理想的价格拿下订单了。

本书中的概念之客户激活

客户激活是一个起桥梁作用的项目，项目的计划是一份客户激活流程文档，能够将买家当前面临的状况与你的解决方案连接起来，消除他们对变化的恐惧。

| 第 10 章 |

有效应对销售中的
试点项目

在第 9 章中，我介绍了一个与众不同的客户激活策略，其目的是消除买家对变化的恐惧。然而，我们也要注意到，还有一个与恐惧相关的因素可能会危及我们的订单。

你正在有条不紊地开展销售工作。现在，你已经向买家介绍了产品化的客户激活流程，并且提交了解决方案。买家回应说："方案看起来很不错。接下来我们有一个想法，我们希望能免费试用你的解决方案 30 天。如果试用期间一切顺利，我们再讨论下一步的计划。"

此时此刻，你是应该快乐地跳庆功舞，还是应该看到警示灯在你眼前闪烁？一方面，你已经朝着以理想的价格达成交易的目标迈进了一步。但另一方面，要最终实现这个目标，你还需要采取另一个有效的策略。

信任

　　为什么买家在承诺购买之前要求开展试点项目呢？在上一章，我介绍了买家对变化的恐惧，以及如何通过将客户激活流程产品化来消除这种恐惧。然而，当买家要求进行试点或试验项目时，恐惧又出来搞破坏了。在买家眼中，实施试点项目就是在"双脚踏入水中"之前，先"把脚趾头探到水里"，是一种帮助他们最大限度地降低风险的手段。有些买家认为，实施试点项目是对销售人员提出的解决方案进行"概念验证"。

　　有一个与买家对变化的恐惧有关的因素在背后发挥了作用。这个因素就是信任。提出试点项目的要求说明买家可能存在信任问题。如果没有信任问题，买家就会签订合同，然后进入客户激活流程，你也可以拿到货款支票。当然，我们还得"感谢"那些差劲的销售人员，信任问题就是他们制造出来的，因为他们在介绍解决方案时总是承诺太多而兑现太少。

　　信任问题可能跟你和你的销售方式都没有关系。也许是买家不信任自己的员工，认为他们不会使用你的解决方案。"如果我的员工不按照你所说的方式使用你的系统，我们就不会得到你所说的投资回报。"

　　买家会出于各种原因要求开展试点项目。在你同意试点之前，一定要把原因了解清楚。但千万不要猜测原因；永远不要假设你知道他们为什么要求开展试点项目。相反，你要开口问，让买家来告诉你他们要求试点的原因。

　　一个十分常见（但少有买家承认）的原因是个人风险。如果你的解决方案失败了，无论失败的原因是什么，买家在公司的职业生涯都会岌岌可危。很少有买家会将这种担忧坦诚相告，但你应该知道，在做出决定时，他们的脑海里总会冒出这种担忧。对此，你要更加敏感一些。

想象一下，有一家公司为了管理招聘流程，需要选择一个申请人追踪系统（ATS）。经过大量的尽职调查，公司的团队认为已经找到了合适的技术解决方案。但是，他们也会考虑到事情出错的种种可能性，于是产生了犹豫。如果技术失败了怎么办？如果招聘人员不按要求使用系统怎么办？整个招聘流程会不会因此戛然而止？如果发生这种情况，谁来承担后果？如果你能够接受买家"先试后买"，他们就会获得一种安全感。

最重要的是，在接受试点要求之前，销售人员必须要知道试点的原因。

知道买家要求试点的原因之后，你可以选择接受试点，也可以选择拒绝试点。没有法律规定你必须同意买家的试点要求。有些销售人员却忘记了这一点，认为如果买家想进行试点，那就一定要进行试点。我不赞成这种理念。你可以选择拒绝，如果买家要求试点的理由或者开展试点的方法对你推进交易没有帮助，那么你就应该拒绝。

有些时候，你也可以主动提出试点项目的建议，以此来消除买家对解决方案的疑虑。试点项目是将自己的解决方案引入一家公司，将竞争对手取而代之的有效手段。总之，同意或者建议实施试点项目的唯一原因是促使交易向前推进。

同意或者建议实施试点项目的唯一原因是促使交易向前推进。

为什么是30天

在本章开头的例子里，买家要求一个为期30天的试用期。为什么是30天呢？一个月有什么神奇之处？为什么不是6天或者28天？在同意试点计划之前，你要知道这个问题的答案。买家会测量什么指标？会获取哪些数据？将会如何评估试点项目的成功？以上三点将会影响试点项目的持续时间。一个月可能太短，无法充分测量他们想要测量的指标；或者一个月可能已经太长了。

你要记住同样重要的一点：你拥有设计解决方案的专业知识和能力，这是买家不具备的。如果要进行试点项目，建议试点期限的那个人也应该是你。不要把他们要求的期限当作金科玉律，你应该给买家提供建议，根据他们的测量指标选择合适的试点期限。试点期限应该通过双方合作对话来决定，而不是听从买家的要求。

"免费"

在要求开展试点项目时，买家也会要求提供免费试点项目。他们怎么会觉得你的解决方案就应该免费供他们使用呢？我们都喜欢得到免费的东西，但很少能如愿。当然，如果你提出质疑，他们往往会说你的竞争对手已经同意免费给他们提供试点项目。这句话让我想起小时候的经历。我的朋友布莱恩可以做某些事情，但我不可以做。"布莱恩都可以做这件事，为什么我不可以？"我会跟我的母亲这样抱怨，希望以此获得她的批准。她的回答只有一句话："如果布莱恩要从布鲁克林大桥上跳下去，你也要跟他一起跳吗？"

买家没有资格要求你免费提供解决方案，是否免费完全由你来决定。把试点项目视为对客户关系的一种投资，你愿意为了增加达成交易的可能性付出多少投资，这由你自己来决定。他们说你的竞争对手愿意提供免费试点项目，如果你不愿意，你可以问问买家："竞争对手为什么把产品免费赠送给你？难道他们的产品没有什么价值吗？"

你可以发挥创造力，采用一个混合方案来解决免费试点的要求：试点项目要收取费用，但如果试点项目失败，费用就退回去。如此一来，双方都有"自身利益牵涉其中"，所以双方将会通力合作，确保试点项目取得成功。

非承诺性承诺

在本章开始的例子中，买家的回应里有一句最重要的话："如果试用期间一切顺利，我们再讨论下一步的计划。"我称之为"非承诺性承诺"。换言之，就算顺利完成试点项目，你也可能要跨越其他障碍，才能以理想的价格拿下订单。

让我们把这两个方面综合起来考虑。他们想要免费的试点项目，但是不愿意基于试点项目成功做出购买承诺。有些时候，为了进行概念验证，提供一段时间的免费试用也是合理的。但是，只有在一种情形下同意进行试点项目才合情合理，那就是买家保证只要试点项目取得成功，他们就会把订单给你。

可是，"成功"如何定义呢？在决定是否同意试点项目之前，一定要先了解清楚买家对成功的定义以及衡量指标。不掌握这些关键决策信息，你和你的团队就不知道买家要达到什么目标。另外，如果他们对试点项目的期望不切实际，你要重新给他们设定合理的期望。否则，试点就会失败，你也永远不会得到这笔订单。

成功的关键

现在，假设你已经确定试点项目是获客流程的一个关键环节，提供试点项目可以帮助你将交易推进至终点。为此，我设计了一个与众不同的试点项目策略，总共包含以下 12 个步骤。

1. 确定买家是只试用你一家公司的解决方案，还是同时与你的竞争对手进行平行试点。如果他正在与你的竞争对手合作，你必须确定实施试点项目是有助于还是有损于你的交易。如果买家还在考虑其他供应商，你要确定此时进行试点项目是否有利于你推进交易。

2. 充分了解买家进行试点的目标和意图。客户公司希望达到什么目标？打算评估什么指标？你应该对买家的试点目标了如指掌。

3.根据买家想达到的目标，确定用于衡量试点项目成功的标准以及获取相关数据的途径。衡量标准就是具体的数据点。要警惕以试点项目参与者的意见作为衡量试点项目成功的唯一标准的情况。相反，你的目标应该是用客观数据来评估试点项目的表现。

4.根据买家测量成功的指标，为试点项目确定一个合适的期限。试点项目的持续时间应该由你来决定，因为你比买家拥有更多与解决方案相关的专业知识和能力。

5.做好试点项目规划，充分展示你和你的公司的优势和亮点，包括帮助买家选择合适的试点项目参与人员。

6.充分利用客户激活计划，推动试点项目顺利进行。这一步可以确保解决方案的完美实施，给买家及其同事留下良好的第一印象。

7.如果试点项目包括使用产品或技术，要确保用户得到适当的培训。恼怒的用户既是试点项目杀手，也是交易杀手。

8.在开始进行试点项目之前，跟买家（和其他关键的利益相关者）预定一次中期会议和一次试点后会议的时间，总结试点项目的成效。不要等到试点项目开始后再去安排这些会议，要提前安排好。

9.在开始进行试点项目之前，跟客户一起确定试点项目结束后的下一步行动。如果试点项目成功，下一步客户要做什么？答案应该是达成交易或者进入近乎达成交易的状态。如果你在价格上做出让步，或者你因为试点项目承担巨大成本，那就更应该明确下一步的行动。

10.在进行试点项目期间，利用导师的非正式渠道获得客户公司的内部消息和反馈。如果在试点期间出现问题，你的导师也可以帮你处理。

11.在公司内部为试点项目做好准备。确保所有部门和关键人员都知道试点项目及其成功指标和持续时间。虽然只是一个试点项目，你的团队也应该像对待签约客户一样对待买家。

12.销售人员是否能拿下订单取决于试点项目的成败。因此，销售人员一定要全力以赴，确保试点项目取得成功。销售人员要监测项目指标、召开内部会议，让买家在试点的每一步都能得到满意的结果！

记住，开展试点项目的唯一目标是促使交易向前推进，最终以理想的价格达成交易。如果试点项目能帮助你实现这个目标，你就可以使用这个与众不同的试点项目策略，并在实践中不断加以改进和完善。

对你的公司来说，实施试点项目的过程就是学习的过程。完成每一个试点项目之后，你

对你的公司来说，实施试点项目的过程就是学习的过程。

要和内部团队进行一次汇报会议，总结经验教训，以便在未来提升试点项目体验。此外，算一算你从试点项目到达成交易的转化率。转化率可以用来证明试点项目在获客流程中是否发挥有效作用。

你对试点项目的处理方式也可以让你在竞争中脱颖而出。当买家希望"先试后买"时，你可以采取一个与众不同的试点项目策略，通过该策略的 12 个步骤为买家创造他们想要的购买体验，最终实现以理想的价格达成交易的目标。

本书中的概念之试点项目

组织良好的试点项目可以解决买家的信任问题，使他们对你公司的履约能力产生信心。

| 第 11 章 |

多一点反馈，胜过 99.9%
销售同行

本（Ben）是 XYZ 公司的客户经理。他与 ABC 制造公司的运营副总裁埃里克（Eric）见面，两人进行了一次需求调研会议。这次调研会议开得非常顺利，收获的丰硕成果远远超出本一开始的想象。他了解到，埃里克对现有的供应商很不满意，诸多问题导致合作很不顺利，他作为运营副总裁的工作也难以开展，日子越来越煎熬，所以非常着急寻找解决方案。本知道，解决这些问题正是自己公司的专长。

在会议上，本详细介绍了公司与众不同的优势，尤其强调了公司的差异化定位，埃里克听得"津津有味，赞不绝口"！会议持续了一个小时，但本感觉好像只开了几分钟，时间一晃就过去了！会议取得了良好的成果，本和埃里克都有一些任务需要完成。这笔交易看起来很有希望，本有信心将其拿下，为自己的销售战绩再添一笔。

会议结束后，本开车回办公室。一路上，这次会议就像他最喜欢的电影一样在他脑海中反复回放。他清楚地记得埃里克说的每一句话，分享的每一个细节，尤其是听到他介绍产品时的反应。

销售工作的严重失策

本以为埃里克和他一样对他们的会面记忆犹新。这是许多销售人员都会犯的一个错误。他没有意识到，在他们会面的那一天，埃里克还有 7 场其他会议。除此之外，埃里克还收到了大约 200 封电子邮件和 14 条语音留言。所有信息层层堆叠，每一条都覆盖在与本的会面之上。结果，在埃里克的脑海里，他与本的会议只是一个遥远的记忆。

在回顾与买家的会议时，许多销售人员都过于以自我为中心。这笔交易对销售人员来说确实非常重要，但他们忘记了一点：买家肩负的职责众多，与销售人员会面只是其中很小的一部分。另外，买家每天要处理很多事情，各种信息接二连三地向他们袭来，他们很难记住所有的信息。

正是由于这些原因，超过 99.999% 的销售人员都与一个让自己脱颖而出的重要策略失之交臂。如果他们能够利用好这条策略，他们的订单就可以在买家的脑海中占据首要位置。

用另一个更聪明、更灵活的方法打败竞争对手

我们要问问自己：在调研会议之后，我们要怎么做才能继续推进订单？答案是：采用一个与众不同的邮件回顾策略。这个策略的核心任务是销售人员通过电子邮件给买家发一份会议概要，提醒买家在会议上讨论的重要内容。

很少有销售人员在初次见面后给买家发送会议概要，更不用说在每次见面后都发送了，这一点让我感到十分惊讶。邮件回顾策略是一个很有创意的方法，既可以帮助你保持交易活力，又可以让自己显得与众不同。电子邮件的内容和措辞应该仔细斟酌，绝对不能给人一种"只想推销"的感觉。它只需要发挥提醒作用，帮助买家回忆会议的内容。

> 电子邮件的内容和措辞应该仔细斟酌，绝对不能给人一种"只想推销"的感觉。

发送回顾邮件还有另一个很好的理由：参与 B2B 采购决策过程的人远不止一个。我在前面提到，高德纳公司做过调查，参与 B2B 采购决策过程的平均人数是6.8。在本章开头的案例中，本只和埃里克一个人见了面，除了埃里克，客户公司还有其他决策影响者。就这笔订单而言，这是一个漏洞，但也是一个机会。虽然他只见了一个决策影响者，但他可以利用回顾邮件，让客户公司的其他决策影响者知道他的这笔订单。这一点对于能否拿下订单极其重要，所以要注意撰写邮件的方式，方便这个决策影响者将邮件转发给其他人。

实施邮件回顾策略

要使邮件回顾策略取得成功，你要注意几个重点。首先是发送电子邮件的时间。你应该在会议当天或者第二天一大早发送回顾邮件。记住，每天那么多信息汹涌而来，买家是很难全部记住的。只有尽早发送回顾邮件，你的订单才会在他的脑海中占据首要位置。

这封电子邮件应该包含五个部分，按五点描述的格式来写：

- **你的目标**——列出买家在会议上提到的挑战、要实现的目标以及要解决问题的原因。强调谁受到这些问题的影响，以及为解决这些问题已经采取的行动。可以想象，买家在读到这些文字时一定会频频点头。千万不要说竞争对手的坏话，尤其不要以书面形式来说。相反，你要对买家目前的遭遇表示同情。

尽可能使用买家在会议中用过的词语，这样会显得更有针对性，也更有冲击力。你可以借此良机表明，买家在会议期间所说的每一句话，你都有认真聆听。

- **我们如何提供帮助**——这个部分要强调在会议期间引起买家共鸣的差异化因素。对于每个差异化因素都要解释清楚：为什么它应该对买家重要？你要解释每个差异化因素的背景和意义。在这个部分，你

也应该回答为什么你的公司是最适合他们的选择，
但不要使用营销术语。

相信你也能看出来，要想写好前面两个部分，你的需求调研工作必须做得非常细致全面。我们在第 7 章已经说过，在需求调研阶段，要将买家当前的情绪转化为另一种你希望的情绪，你要对他们进行横向提问和纵向提问。如果不这样提问，这两个部分就几乎不可能写出来。

- **我的待办事项清单**——列出你承诺完成的行动项目以及相应的期限。
- **你的待办事项清单**——列出买家承诺完成的行动项目以及相应的期限。
- **后续步骤**——介绍你接下来与买家的互动以及还需要哪些人参与。

如果回顾邮件有什么错误，那只会让买家失去阅读的兴趣，绝不会激发与你合作的热情。因此，在你点击"发送"之前，要检查好以下几个方面的细节：

- **格式**——行和段的间距。
- **拼写**——尤其是买家的名字。
- **语法**——检查时态、主谓一致和标点符号的使用是否存在不一致。

- 行业缩略语——第一次提到缩略语时要附上完整的表达，以防买家不记得它代表什么。
- 俚语/行话——这些表达方式可能会让你和你的公司看起来不专业，因此要避免使用。

回顾邮件范例

以下是一份根据本和埃里克的会议撰写的回顾邮件。

埃里克：

你好！谢谢你今天抽出时间与我见面。非常感谢你与我分享贵公司运营部门的目标。很遗憾你遇到了挑战，但我相信我们公司可以很快帮你解决这些问题。我给你写这封邮件是为了向你总结我们今天在会议上的谈话内容。

你的目标

- 贵公司每一个运营地点的效率至少达到92.8%，才能达到理想的盈利水平。
- 目前的系统以78.4%的效率运行，对各运营地点的盈利能力造成了重大影响。
- 尽管多次提出要求，目前的供应商一直无法解决性能问题。
- 目标是在90天内解决这个问题，开始实现预期盈利。

我们如何提供帮助

- 30 多年来，我们公司通过 NPX 系统帮助许多制造商提高了盈利能力。

- 我们的 NPX 系统已证明可以持续以 94.2% 的效率运行，高效率有助于提高我们客户的盈利能力。

- 我们为操作人员提供培训和认证，因为使用方式正确才能获得预期的结果。

- NPX 系统可以全面接入贵公司的财务系统，为成本计算和绩效分析提供数据。

- 我们拥有一个循序渐进的客户激活计划，帮助贵公司在 30 天内从现有系统逐步过渡到 NPX 系统。下次见面时，我会详细解释我们的客户激活计划。

我的待办事项清单

- 整理我们讨论过的设备的规格清单，在 9 月 1 日之前通过电子邮件发给你。

- 在 8 月 29 日之前向你发送三个设备样品供你审查。

你的待办事项清单

- 在 8 月 28 日之前给我发一份贵公司运营地点的清单。

- 向贵公司的首席财务官询问目前的设备运行成本，我们将在下次会议上审阅。

- 邀请谢娜·奥斯汀（Shayna Austin）和伊桑·贾奇（Ethan Judge）参加我们的下次会议。

后续步骤

- 我、你、谢娜和伊桑将于9月10日星期五下午2:00在你的办公室会面，审核我们各自的行动清单。我们的客户激活总监约瑟夫·里韦拉（Joseph Rivera）将与我们一起审核我们的客户激活计划。我们还将与你和你的团队一起集思广益，提出潜在的解决方案。

　　我相信以上五点已经涵盖了我们会议期间讨论的所有内容。如果有什么遗漏，请你告诉我。希望在9月10日见到你、谢娜和伊桑。

　　祝好！

　　　　　　　　　　　　　　　　　　　　本

使用邮件回顾策略的回报

　　"哇！你建议我在每次会议后都做这件事情吗？工作量很大呢，谁有那么多的时间啊？"我相信，这就是你读完以上邮件范例后的想法。是的，在销售过程中使用邮件回顾策略确实需要多做一些工作，但我对此并不感到抱歉。如果你根据工作的烦琐程度来理解这个策略，那么你就永远不会将其付诸实施。但是，如果你从交易投资的角度思考，想想它是否能让你在销售过程中脱

如果你根据工作的烦琐程度来理解这个策略，那么你就永远不会将其付诸实施。

颖而出，你就会在每一次调研会议后都发一封这样的邮件。

如果你坚持使用这个策略，你就会收到相当不错的回报，这些回报将帮助你以理想的价格拿下更多订单。

- 买家希望与之合作的是让他们感到特别，而且对他们真正表现出兴趣的销售人员。没有人愿意自己只是一个"例行销售电话对象"。这封电子邮件会告诉买家，你是真正对他们感兴趣。难道你以为买家不知道写这么一封电子邮件需要花费时间吗？他们肯定知道。你为他们的客户投入时间对他们来说也很重要。大多数销售人员都不发回顾邮件，而你通过邮件展现的专业水平一定会让买家对你另眼相看。

- 你可能还有其他竞争对手，因为买家要为他们的客户寻找多种选择。想象一下，只有你给买家发送了一封回顾邮件，其他销售人员都没有这样做（除非他们读过这本书），那么买家会做出什么样的选择。

- 在销售中，小事情也很重要。正所谓细节决定成败，回想一下你赢得的订单和失去的订单，当你赢的时候，你并没有让竞争对手彻底出局，而当你输的时候，他们也没有把你击垮。在激烈的竞争中，差异化因素可能是微妙的，而且在某些情况下也很难定位。你如何获得客户，人家就会期望你如何对待客户（如果你赢得订单）。邮件回顾策略是一个让你在众多销售人员中脱颖而出的创新方法。

- 如果销售人员对调研会议的内容记得清清楚楚，而买家的记忆却模糊不清，销售周期就会被延长。因此，销售人员要给买家发一封回顾邮件，提醒买家有什么样的挑战/目标，为什么想与你合作，你承诺做什么以及他们承诺做什么。很多订单都会落入"买家记忆陷阱"，你可以通过这个策略避开这个陷阱，推动你的订单继续前进。

付出那么多时间和精力撰写回顾邮件是否值得？如果你想独辟蹊径，想以理想的价格达成交易，那就值得。我向你保证，你的买家会感激你的电子邮件，而且会采取行动，你也会因此在竞争中脱颖而出。

本书中的概念之邮件回顾

邮件回顾能够向客户表明你真正对客户感兴趣，帮你从竞争中脱颖而出，让你的交易按计划顺利推进。

第 12 章

消除策略漏洞，赢得大客户

在过去五年里，一家五金制品公司一直是一家全国性的住宅建筑公司的螺丝钉供应商。无论什么时候，只要住宅建筑公司想要螺丝钉，这家五金制品公司都会按时按量、精准无比地完成交付，想要十字槽螺钉就送来十字槽螺钉，想要平头螺钉就送来平头螺钉，从来没有出过差错。而且，五金制品公司出售的螺丝钉种类齐全，大小尺寸应有尽有，完全能够满足这家客户公司的需要。

五金制品公司对客户公司为其带来的业绩表现感到自豪，住宅建筑公司也对供应商的客户服务响应能力感到满意。这些年来，住宅建筑公司逐渐成为五金制品公司最大、最赚钱的客户，每年的订单源源不断，负责管理客户的销售人员从来不用担心自己的年度销售配额。五金制品公司赚得大笔收入，销售人员也因为丰厚的提成发了一笔小财。

住宅建筑公司十分赞赏五金制品公司的库存管理和交货表现，五金制品公司也因为出货量和利润率节节攀升而对这个客户赞不绝口。销售人员非常开心，俨然已经成了公司的英雄。这家住宅建筑公司简直就是一个教科书般的理想客户。但果真如此吗？

忽然有一天，一切都变了。没有任何预先通知，住宅建筑公司突然停止向五金制品公司购买螺丝钉。五金制品公司的库存管理质量并没有下降，订单交付仍然一如既往的精准，价格也没有任何改变。销售人员与客户公司接洽人的联系也没有任何问题。双方一直以来那么幸福的合作关系似乎一下子终止了。这到底是怎么回事呢？

简单来说，有一个竞争对手闯进来抢走了这个客户。尽管五金制品公司的产品交付表现非常出色，但住宅建筑公司这个大客户还是永远离开了。既然供应商已经做到尽善尽美，那么客户怎么还会离开呢？

从推销战术性产品到提供战略性解决方案

通过一个差异化销售策略，这个竞争对手以理想的价格抢走了客户。传统的销售策略采用一种为客户省钱的思路，每一笔订单都给客户一点优惠。但竞争对手并没有采取传统的销售策略。况且，现有供应商在为客户省钱方面已经做到无可挑剔，竞争对手采用这个策略可能也不会奏效。

竞争对手派一位销售人员与住宅建筑公司的一位高管开会，讨论的话题不仅有螺丝钉，还有建筑公司的整体需求。这位销售人员还问起安装螺丝钉的工具和垫片的材料，就全面解决方案与那位高管进行了深入对话。如果我们后退一步，对住宅建筑公司与现有供应商的关系进行全面审视，我们就会发现这种关系只是战术性的，而不是战略性的。

竞争对手提出，如果螺丝钉、工具和材料都从同一家供应商那里购买，事情就会变得十分简单——这个思路让客户产生了新的想法。销售人员谈的不是价格，而是客户只和一家供应商合作可能带来的整体成本节约。销售人员还谈到，如果将需求整合，把订单都交给他一家公司，客户还可以提高效率。而且，如果对订单的细节有任何疑问，客户只需要联系一家供应商即可。从本质上讲，竞争对手从商业回报角度为客户提供了一个供应商整合的理由，这个理由的说服力十分强大。

最让人感到可惜的是，竞争对手卖的工具和材料，现有供应商同样有售。现有供应商也可以给客户提供一个全面解决方案，而不是只供应螺丝钉这类产品，但他们从来没有跟客户提过这方面的意向。这个客户是不应该失去的。毕竟，竞争对手给客户提供的所有产品，现有供应商都可以提供。但事已至此，一切都已经太晚了。

现有供应商的销售人员担心客户说他贪婪，不想冒险破坏与客户之间的良好关系。而且，他和他的公司已经满足于目前从客户那里获得的收入和利润。他们相信，凭借出色的库存管理和交付表现，他们已经永远"锁定"了这个客户，没有人能够从他们手中夺走。因此，他们越来越自满。不幸的是，他们大错特错了！事实证明，自满正是他们的致命弱点。

同样，竞争对手也不是通过"无底线降价"赢得客户的。他们向客户提出一个全面解决方案，准确定位供应商整合的价值，从商业回报角度证明更换供应商的合理性。反观现有供应商只把自己视为一个产品推销商，销售工作还做得不到位，无法为客户提供有意义的、差异化的价值。

征服客户策略

我发现，大多数公司的情况都与这家五金制品公司的故事十分相似。他们的客户组合都相当松散，就像一块瑞士奶酪，里面到处都是大大小小的漏洞。他们卖给客户的只是一种（或两种）产品，并没有一个能够向客户准确定位全面解决方案的策略。他们可能向一家公司出售某一种产品，或者向一家公司的一个部门或一个分公司出售一个解决方案。所有这些情况都说明销售工作没有做到位，销售人员该做的工作远不止于此！

不仅对企业的销售存在这个问题，对消费者的销售也一样。如果你卖的是地毯清洁、窗户清洁和强力清等服务，你的客户组合也可能像一块瑞士奶酪，里面到处都是漏洞。你可能已经将其中一项服务卖给了房主，但你并没有推销你公司提供的全套服务。如果来了一个竞争对手，跟房主说他可以提供全套服务，选择他作为唯一的服务供应商可以带来很多好处，你的客户就会被这个竞争对手抢走，就跟五金制品公司的客户被抢走一样。

为了避免发生这种情况，我设计了一个与众不同的征服客户策略。利用这个策略，你可以获得更多创造收入的机会，因为你要向现有客户销售其他产品和服务，你的销售收入将会有所增加；你也可以消除客户组合的漏洞，因为你将会从一个战术性的产品推销商转变成一个战略性的解决方案供应商。

征服客户策略的核心是针对每一个客户问问自己：

"我们出售的产品还有哪些是客户需要购买，但目前还没有从我们这里购买的？"

我建议你看看你的现有客户正在从你的竞争对手那里购买什么产品，然后跟你公司的产品进行对照。前文所讲的那个五金制品供应商的故事其实称得上一次巨大的销售失败。如果你本来有一个适合现有客户的解决方案，但迟迟没有向客户提出来，而你的竞争对手以一个同样的解决方案把这个客户抢走了，那么你在销售上的这种无所作为就是一种"犯罪"，应该受到惩罚。这种销售错误是可以避免的，是根本不应该发生的。

> 如果你本来有一个适合现有客户的解决方案，但迟迟没有向客户提出来，而你的竞争对手以一个同样的解决方案把这个客户抢走了，那么你在销售上的这种无所作为就是一种"犯罪"，应该受到惩罚。

此外，征服客户策略可以让你的收入实现指数级增长。通过分析一些公司的客户组合，我发现，通过有效实施征服客户策略，使公司的客户关系从战术性的产品关系转变为战略性的解决方案关系，公司收入可能会增加十倍。

如果你是一名销售人员，读到这里，你可能会觉得，公司要先决定采用这个策略，然后你才能开始使用。事实并非如此！你有没有分析过你的客户组合，问问自己里面藏着多少尚未发掘的赚钱机会？如果你还没有，你应该认真做一做。你没有理由不马上使用这个策略，就算没有公司的指示，你也可以把它用起来。好好分析你的客户组合，找到里面的机会和漏洞。不要等到你的销售经理给你发指令，你才开始做这件事情。到那时候可能已经太晚了。如果你的客户组合还存在不必要的漏洞，而你置之不理，那就意味着放弃收入增长，把赚钱的机会留给了你的竞争对手。

你有没有分析过你的客户组合，问问自己里面藏着多少尚未发掘的赚钱机会？

获得新客户是销售工作的乐趣所在。每当销售人员赢得一个新客户，在客户组合中增加一个新的公司标志，即使只是一次战术性的产品销售，也会让他们高兴得击掌欢呼。成功地实施征服客户策略，将客户组合的漏洞全部清除，使收入实现大幅增长，这样的胜利才应该是最值得庆祝的胜利。

回到本章开头的故事。五金制品公司的销售人员不想被视为机会主义者，所以不敢向住宅建筑公司提出扩大合作范围的建议。他的无所作为让他付出了惨重的代价。如果卖给客户更多的产品，他担心会"扰乱现有的安排"，影响他目前丰厚的提成。坦率地说，这个销售人员不但没有服务好他的客户，反而对客户的利益造成了损害。他没有跟客户分享供应商整合带来的增长机会，导致客户无法进一步提高效率，减少不必要的成本。使用这个策略对提成没有什么不利影响，但选择无所作为，仅仅祈祷竞争对手不要把客户抢走，提成就一定会大幅减少。

征服客户的大师

有一家公司把征服客户策略用得比我见过的任何一家公司都要出色，只是他们对这个策略的命名与我的不一样。这家公司就是亚马逊。亚马逊网站上的每一件商品都被链接到一个庞大的销售网络，其目的就是用一种积极的、有益的方式吸引顾客扩大购买范围。亚马逊会根据你要购买的商品提供购买建议，在该商品的页面显示其他你可能想要的商品。"哦，没错，我还需要买这个。"

在撰写本章时，我打开了亚马逊网站搜索"螺丝钉"，然后进入其中一个螺丝钉商品的展示页面。在页面的"购买此商品的顾客也同时购买"一栏，亚马逊还提供了钻头和钻头组件的链接。亚马逊并不满足于向你出售你搜索的商品，它还想向你出售一套完整的解决方案。这种做法似乎可以用企业贪婪来解释，但顾客并不这样看。顾客认为亚马逊帮了他们一个大忙，让他们可以更轻松地达成购买目标，而亚马逊也可以增加销售额。

如何从客户组合中寻找机会并消除漏洞

你销售的产品很可能不如亚马逊那么丰富，你也不必拥有像亚马逊那么强大的"征服客户"技术解决方案。要制定自己的征服客户策略，第一步应该动手制作一个"征服客户——产品对比矩阵"，借助这个矩阵找到客户组合的机会和漏洞。以下是制作步骤。

1. 横向铺开一页纸，在上面画一个表格，表格分成六栏。

2. 在表格各栏分别写上标题：

- 产品
- 竞争
- 市场细分／买家
- 相关产品／服务
- 协同作用
- 相关产品的竞争

3. 在第一栏（产品）中，列出公司出售的所有产品。

4. 在第二栏（竞争）中，列出所有出售与第一栏所列产品相同（或类似）的竞争对手。

5. 在第三栏（市场细分／买家）中，明确哪些细分市场和买家会购买某一产品。

6. 在第四栏（相关产品／服务）中，列出你出售且购买第一栏所列产品的客户也需要的所有产品／服务。例如，如果你第一栏列出的产品是螺丝钉，在这一栏中你要列的是螺丝刀、钻头、钻头组件和垫片等产品。

问问自己：“如果他们购买这种产品，我们有什么其他产品也是他们应该感兴趣的？”这是“征服客户——产品对比矩阵”的“财富栏”，就像亚马逊通过网页的“购买此商品的顾客也同时购买”一栏向用户推荐相关商品一样，只是亚马逊的推荐是自动生成的，你的推荐是手动填写的。如果那家五金制品公司也问一问自己这个问题，就会找到销售螺丝钉相关产品的机会。

7. 在第五栏（协同作用）中，问问自己：“他们目前购买的产品和相关产品之间存在什么协同作用？”根据这个问题的答案来确定客户应该对相关产品感兴趣的理由。如果是螺丝钉，那么客户可能还需要工具和垫片等材料。

8. 在第六栏（相关产品的竞争）中，列出你在确定相关产品时想到的竞争对手。这份名单可能与第二栏相同，也可能不同。这份名单是销售策略的一部分，一定要明确列出来。

完成“征服客户——产品对比矩阵”后，下一步要将其与你的客户组合进行比较。经过比较，客户组合中的“瑞士奶酪漏洞”就暴露出来了。不过，现在你已经有了对漏洞采取行动的工具。这个矩阵的作用就是帮你找到客户组合中的机会和漏洞。

如果你是销售人员，你需要制定应对策略和实施时间表，争取发掘每一个机会，消除每一个漏洞。

如果你是销售经理或主管，你需要采取以下行动。

---

1. 针对整个客户组合中的每一个客户进行"征服客户——产品对比矩阵"分析。

2. 根据分析结果，为每个客户指派一名销售人员负责处理找到的机会和漏洞。

3. 根据机会和漏洞的大小确定客户的优先次序。

4. 与销售人员一起制定应对策略和实施时间表。

5. 制定一份包含以下项目的报告，以便将应对策略执行落实：

- 客户名称。

- 指定的销售人员。

- 该客户目前从我们这里购买什么产品。

- 该客户应该从我们这里购买什么产品。

- 该客户目前从哪里购买该产品。

- 与我们进行供应商整合的定位策略。

- 销售人员完成整合定位的期限。

在一开始销售产品和服务时，销售人员经常会提到"一站式服务"的说法，将其作为定位供应商整合的策略。这也是一个很有说服力的口号，可以使客户在今天购买产品时还会考虑到未来的采购需求。

他们今天也许听到你说可以提供"一站式服务"，但随着时间的推移，他们很可能已经忘记。销售人员的责任就是让客户时刻把供应商整合放在心上，与客户一起充分利用供应商整合带来的机会。只有这样，你才能避免客户关系断裂的危机，不至于像那家五金制品公司那样突然失去了住宅建筑公司这样的大客户。

本书中的概念之征服客户

通过向现有客户销售你公司的全部产品和服务，可以消除客户组合的漏洞，提高针对现有客户的销售收入。

第 13 章

从客户管理到客户服务

我在第 12 章讲述了一家五金制品公司被竞争对手打败的故事。这个竞争对手运用一个与众不同的征服客户策略，成功地从五金制品公司手上抢走了客户。现有供应商之所以被打败，竞争对手采取征服客户策略可以说是其中一个原因。除此之外，我们还可以从另一个角度理解现有供应商的失败。

高管和销售人员经常交替使用"客户服务"和"客户管理"这两个常用短语。客户服务和客户管理是两种公司职能，你的公司有很多人都可能参与其中，但这两者并不是一回事。接下来，让我们一起来探讨两者的区别。

只要客户向你提出需求，就会发生客户服务。客户可以下订单，给你的呼叫中心打电话，或者发送电子邮件表达需求。此时衡量成功的标准是响应性，即服务的准确性和及时性。有时候，响应性可以成为你的一个差异化因素，尤其是在竞争对手的客户服务质量较差的情况下。但是，没有销售人员会承认自己公司的客户服务不好，所以你的挑战就是向买家证明你的客户服务是卓越的。每一个销售人员都会宣称自己提供的客户服务体验是世界上最好的，许多销售人员还会拿客户的推荐信作为证明。

我想用一个大家都经历过的例子来说明公司的客户服务职能：在一家不错的餐厅用餐。当你去餐厅吃饭，你会希望服务员在你一坐下就过来为你提供服务。你不会期望等了 20 分钟，服务员才给你送来水和面包或者菜单。你想点餐的时候，也不会期望服务员过了 20 分钟才过来为你服务。

点餐之后，你期望饭菜能被及时地送到，而且不要出错。用完餐后，你期望账单的计算准确无误。如果所有这些任务都按预期执行，食客便将这一次就餐体验称为"绝佳的客户服务体验"。不过，这些仅仅是"入场筹码"（table stakes）。我们期望餐厅为我们每一次用餐都能分毫不差地提供这些服务。只要有任何一次出现问题，我们可能就会批评餐厅提供"糟糕的客户服务"。

良好的客户服务并不是"超出让食客愉快用餐的预期"的服务。虽然许多企业确实连最基本的客户服务都难以做到，但依靠客户服务来留住客户是一个有缺陷的策略，那家五金制品公司已经在这方面吃过亏。

提供良好的客户服务可以阻止客户主动寻找其他供应商，但无法阻止其他竞争者乘虚而入，吸引客户的兴趣，最终将客户抢走。为了消除这个漏洞，留住你的客户，你需要采取一个与众不同的客户管理策略。

客户管理与客户服务正好相反。一般认为，客户服务是一个被动回应的职能，而客户管理则是主动出击的职能。所谓与众不同的客户管理策略，是指除了产品和服务的预期好处之外，还向客户提供超出期望的规定性价值（prescriptive value）。请注意我在这里使用的"规定性"一词。对有意义的价值的感知并不是偶然发生的，而是经过精心设计的。你和你的公司要通过精心设计使这种价值感知成为整体客户体验的一部分。客户管理职能的核心目的是给客户创造愉悦感，从而使客户延长合同，帮助公司增加收入，提高利润。换言之，只要你精心设计或定义客户管理体验，你就可以获得长期客户，拥有更高的收入和利润。

客户管理职能的核心目的是给客户创造愉悦感，从而使客户延长合同，帮助公司增加收入，提高利润。

多年来，我发现很多公司在获取新客户上耗费了大量的精力，对于如何制定策略提高客户保留率和增长率却没有给予足够的关注。高管们并没有投入足够的时间制定与众不同的客户管理策略。我发现，大多数公司所做的只是最基本的 A、B、C 客户分类，而且只按确认收入进行排名。他们先把客户排名做成一份非常漂亮的文件，再把文件分发到公司上下所有部门，至于各类客户该如何对待，既没有提供策略，也没有设定期望。所有团队听到的只有一句话："这是我们公司的 A、B、C 三类客户的排名。"当然，没有人知道该如何处理这些信息，所以这份文件并没有推动任何规定性的、积极主动的行为。对客户进行 A、B、C 分类排名并没有错，问题是在分类时没有明确每个类别的含义。

高管和销售人员经常使用"重要合作伙伴"这个说法来描述他们与客户的关系。作为供应商，你确实要提供扎实的客户服务，但只靠这个并不能使客户产生有意义的价值感知，不足以让客户将你视为合作伙伴。只有通过卓越的客户管理，才能让客户将你视为他们需要并渴望拥有的重要合作伙伴。

高管们也会向麾下团队宣扬客户管理策略的重要性，但很少有高管会具体说明这是什么样的策略，或者为其制订具体计划，以便有条不紊地实行这个策略。最重要的是，很多公司错失了通过客户管理策略来获得新客户、留住客户、发展客户的机会。"等一下！他是说通过客户管理获得新客户吗？"正是如此！如果你有一个规定性的客户管理计划，在争取新客户时，你就以此作为讨论的话题。客户管理是你在产品和服务之外为客户提供有意义的价值的方式，也是一个将自己与竞争对手区分开来的好方法。

分析你的客户组合

有些公司只按照确认收入对客户进行排名，有些公司甚至根本不做客户排名。对客户进行排名是每一个公司都应该做到的一项重要任务，但客户排名不能仅仅根据确认收入。为什么这一点如此重要？如果没有一个成熟的方法来对客户进行排名，一些客户的重要性将会被低估，一些没那么重要的客户反而会被过度服务。

以有意义的方式对客户组合进行排名是制定客户管理策略的第一步。在对客户进行排名之前，你应该先对公司的全部业务进行"五点客户价值分析"。

第一点要分析的是"确认收入"。这是业务评估的开端，但还没有描绘出业务全景。试想一下：如果你是制造小部件的企业，一家公司每年购买小部件的支出是 100 万美元，从你这里购买的小部件只占其总支出的 1%，这个客户应该如何排名？虽然这个客户的支出很高，但你只占 1%，因此在排名表上，你可能把这个客户排得非常靠后。但是，你完全有可能从这个客户那里赚到更多收入，你真的只想将其视为一个小客户吗？

第二点要分析的是"钱包份额"。你的公司目前收到的客户支出和客户实施供应商整合之后你可能收到的客户支出之间的比例，就是"钱包份额"。从钱包份额可以看到，如果你的公司成为客户的唯一供应商，这个客户可能给公司带来多少收入。

钱包份额有时候并不容易确定，有时候甚至无法计算。因此，在分析这一点的时候，经常要根据相关信息进行猜测。如果钱包份额比较低，最好的解决办法是采用第 12 章介绍的征服客户策略。利用这个策略，你可以将一个带来普通收入的客户变成客户组合中的最大客户之一。

第三点要分析的是"客户盈利性"。有些客户可能为你的公司创造了大量的收入，但这些收入的利润率很低。然而，一个创造中等规模收入的客户可能会带来明显的利润。如果在分析中只考虑客户的确认收入，不考虑客户的盈利性，你就可能对该客户在客户组合中的价值产生错误认识。在很多情况下，根据客户盈利性可知，最大的客户往往是客户组合中最不赚钱的客户。

更糟糕的是，你还为这些客户提供了最高水平的客户管理服务，使他们的盈利性进一步稀释。之所以提供高水平的客户管理服务，唯一原因就是在决策时没有人考虑到客户盈利性。

第四点要分析的是"战略客户"。有些客户，就算你拥有他们 100% 的钱包份额，也可能只会给你创造一丁点收入。但只要你的客户组合中有这些客户，你就可以在潜在客户面前建立信誉。也许是因为这些客户的名字、品牌、细分市场或者你为他们部署的专门解决方案，这些客户给你的公司带来了超越其创造收入本身的价值。这样的客户就是战略客户。战略客户给你的公司带来的好处既超越了确认收入，也非更多钱包份额所能及。从确认收入或收入潜力的角度来看这类客户，你会将其排到较后的位置。可是，你真的想把一个战略客户视为一个微不足道的客户吗？

第五点要分析的是"痛苦系数"。有些客户需要很多支持服务，这对你的公司构成巨大的负担。也许这些客户创造了可观的收入，但支持他们是痛苦的。也许你的公司并没有服务好这些客户所需要的技术或系统，这就说明他们的需求与你公司的优势并不一致。或者这些客户的接洽人员极难打交道。这是在对客户进行排名时要考虑的另一个重要因素。

建立一个有意义的排名系统

完成"五点客户价值分析"之后，下一步要建立一个对每个客户进行排名的系统。有了这个系统，你就可以根据客户对公司的价值对其进行分类。你可能想找一个简单的数学公式，根据公式的计算结果来对客户进行排名。但这样的公式并不存在，客户排名需要仔细考虑公式计算之外的因素。

根据客户价值开始排名，先将你的客户组合分为 A、B、C 三类。虽然没有数学公式来计算客户价值，但你可以根据以下因素进行分析。

- **确认收入**——根据你的公司从客户获得的收入数额，对每个客户进行高、中、低等级划分。排名前 10% 的客户应被列为"高"等级，接下来 10% 的客户应被列为"中"等级，其余 80% 的客户应被列为"低"等级。这个等级划分是依据一个众所周知的概念，即 80% 的收入来自 20% 的客户。
- **钱包份额**——根据你的公司获得的收入在客户支出中所占的比例，对每个客户进行高、中、低等级划分。你的钱包份额占 75% 以上的客户被列为"高"等级，占 50% ～ 75% 的客户被列为"中"等级，低于 50% 的客户被列为"低"等级。
- **客户盈利性**——根据客户给你带来的利润率，对每个客户进行高、中、低等级划分。每个公司都有自己的预期利润率参数，所以我在此不提供固定的数值。一个基本原则：已产生收入的利润率比较理想的客户应该被列为"高"等级，已产生收入的利润率可以接受的客户应该被列为"中"等级，已产生收入的利润率不可接受的客户应该被列为"低"等级。

- **战略客户**——除去收入和利润的考虑，根据每个客户给你的公司带来的额外价值来划分等级。要考虑客户的名字、品牌知名度或者已部署的特色解决方案。你认为对公司具有较高价值的客户被列为"高"等级，你认为对公司具有中等价值的客户被列为"中"等级，名字、品牌知名度、市场细分或已部署的解决方案都不能为你的公司提供任何额外价值的客户被列为"低"等级。

- **痛苦系数**——想一想支持这个客户所需要的东西。客户的需求是否与你的公司擅长的领域相一致？让这个客户满意的难度有多高？与你的公司擅长的领域相一致，支持他们很容易的客户被列为"低"等级；与你的公司擅长的领域相一致，但支持他们比较有挑战性的客户被列为"中"等级；与你的公司擅长的领域不一致或极难取悦的客户被列为"高"等级。

根据"五点客户价值分析"得到的结果，将你的全部客户列入一个矩阵。最左边一栏写上客户的名字，将客户价值分析的五个点作为中间五个栏的标题，第七栏的标题是"客户总体排名"。在第七栏中，你将根据"五点客户价值分析"的结果对每个客户进行综合排名，分为 A、B、C 三个级别。

那么，在五点客户价值分析的基础上，你如何为每个客户确定一个综合排名呢？这个问题可以用另一个问题来回答：

你想为客户提供什么水平的客户管理服务？

在确定客户综合排名时，你需要考虑以下因素：

- **确认收入与钱包份额的关系**——考虑一下提高钱包份额的可能性及其对确认收入的影响。如果既可以提高钱包份额，又可以大幅度增加收入，那么钱包份额就是在客户综合排名时要考虑的一个重要因素。
- **确认收入与客户盈利性的关系**——虽然客户的利润率可能没有达到理想水平，但利润数额可能对你的业务很重要。这也可能是你提高客户综合排名需要考虑的一个因素。
- **战略客户**——"高"等级的战略客户在综合排名中应该获评"A"级或"B"级。
- **痛苦系数和客户盈利性的关系**——对于痛苦系数等级"高"但客户盈利性等级"低"的客户，你应该考虑从你的客户组合中剔除。这样的客户往往不利于你的业务。

一个常见的误解是，客户管理就是给所有客户提供同样水平的服务，许多公司也是这样履行客户管理职能的。然而，根据"五点客户价值分析"的结果，你应该对不同级别的客户提供不同水平的客户管理服务。你的"A"级客户得到的客户管理服务水平不应该与"C"级客户的相同。

客户管理是你的公司对客户关系的一种
投资。你给每个客户投资多少，取决于你如
何定义客户的价值。

客户管理是你的
公司对客户关系
的一种投资。

界定客户管理体验

以上介绍了如何对客户进行排名。那么，这样做的目的何
在？是为了做出一个"更漂亮"的客户排名表吗？不是的。通
过"五点客户价值分析"对客户进行排名，目的是根据客户的
价值来提供相应水平的客户管理服务。

当然，任何客户都不应该被忽视，都应该得到客户管理服
务。如果你不想要这个客户（痛苦系数高），解除合作关系即
可。对于客户组合中的每一个客户，你都应
该好好对待，但你不能以同样的方式对待所
有客户。客户管理是你的业务成本，你做不
到也不应该为每个客户提供同样水平的客户
管理服务。

对于客户组合中
的每一个客户，
你都应该好好对
待，但你不能以
同样的方式对待
所有客户。

那么，你为各个级别的客户准备了什么
样的客户管理体验？让我们重新回顾一下客户管理的核心目的：
给客户创造愉悦感，从而使客户延长合同，帮助公司增加收入，
提高利润。以下是制订客户管理计划的一些建议。

- **高管支持**——给客户指派一位高管，负责与客户发

展高水平的合作关系。通常是给"A"级客户指派高管。对于"B"级客户，可以指派一名管理团队成员。对于"C"级客户，一般不会指派专人服务。

- **会面**——确定你与各级别客户会面的次数和目的。与各级别客户的会面次数应该有所不同。要区分是现场会面还是虚拟会面，还要考虑会面的地点。根据排名，你可能想邀请某些客户到你公司的办公室（而不是他们的办公室）参加业务回顾和规划会议。有些公司还会邀请"A"级客户来公司参观访问并为其报销差旅费用。

- **体验新产品／功能**——你的公司向市场推出新产品／功能时，你可以根据客户排名系统来安排体验机会。排名较高的客户应该比其他客户优先获得体验机会。

- **客户监控**——应该指定一个团队成员负责追踪和监控每一个"A"级客户，密切关注客户公司的情况、购买模式变化和最新动态。

- **参加焦点小组／咨询委员会**——举办这些活动是为了集思广益，帮助公司开发新产品或服务。邀请客户参与焦点小组和咨询委员会的工作可以加强客户关系。应该邀请"A"级客户参加，有时候"B"级客户也在邀请之列。

- **数据分析**——任何供应商都可以撰写产品使用报告并通过电子邮件发送给客户。想让客户把你视为一个可信赖的顾问、一个有价值的合作伙伴吗？那就好好分析这份报告的数据，然后把分析的结果分享给客户。根据数据提出问题，并提供改进建议，帮助客户做出明智的决定。你还可以借此机会展示你的专业知识，让他们心甘情愿地付钱购买你的最佳解决方案。

- **行业简讯**——你可以利用在线工具轻松创建一份行业简讯。行业简讯可以让客户及时了解行业动态、监管新闻、最佳实践和未来趋势。这样做的目的不是兜售你的商品，而是为他们提供有价值的信息，帮助他们发展得更好。应该不论级别，把行业简讯发送给所有客户。

客户管理可做的事情还有很多，以上所列只是其中的一小部分。公司的业务不同，具体做法也会有所不同。关键是要根据客户的综合排名来确定你要对客户提供什么样的客户管理体验。除了产品的价值，你还可以通过清晰的客户管理体验计划为客户带来更多有意义的价值。在你追求以理想的价格赢得更多新客户的同时，你还要制定一个与众不同的客户管理策略，帮助你保留和发展现有客户。

本书中的概念之客户管理

客户管理是你在销售产品之外向客户主动提供的规定性价值，目的是给客户创造愉悦感，从而使客户延长合同，帮助公司增加收入，提高利润。

| 第 14 章 |

杰出销售人员的秘密武器

我喜欢问销售人员一个有趣的问题:"销售人员在一年中的哪一天最有成效?"我听到各种各样的回答,比如"星期二""每月的最后一天""每年的第一天"。但这些回答都不正确,甚至连边都沾不上。那么:

"销售人员在一年中的哪一天最有成效?"

时间投资

销售人员在一年中最有成效的一天是他们休假前的那一天。想象一下,今天是你外出旅行一周前的那个工作日。摆在你面前的每一项任务,你都要加以思考和抉择,确定哪些需要现在完成,哪些可以稍后完成,哪些根本不应该由你来完成。

这一天,你必须无比专注,一定要在下班前完成任务。你甚至制作了一张任务打卡清单，完成一项任务就在旁边打钩。

这一天结束时，你不仅对外出旅行感到兴奋，而且有一种强烈的成就感。你确实应该有成就感！你在这一天里没有一分钟是浪费的。你仔细选择了你在每一分钟要做的事情。你，只有你，掌控着这一天的每一分每一秒。

在你的销售生涯中，如果你每一天都像这天一样专注，那会怎么样呢？只要你挑战自己，更高效地管理时间，你的成功可以翻多少倍？我们每天拥有多少分钟都是一样的，高效者与平庸者之间的区别取决于如何利用每一分钟。一分钟过去了，这一分钟就永远消失了。不管做什么事情，都无法让那一分钟重新回到我们身边。

> 高效者与平庸者之间的区别取决于如何利用每一分钟。

你如何投资你的时间，如何利用每一天，决定了你未来的成功。换言之，你要有意识地做出决定，充分利用好每一天的每一分钟。没有人愿意悔不当初，对自己说"要是我做了……就好了"。为了避免这种遗憾，你要制订计划来管理时间和任务。

在销售行业，你可能整天都忙忙碌碌，但收效甚微。一天下来，你筋疲力尽地回到家，回顾一下这一天的工作，你才发现这一天你做了很多事情，但可以增加销售额的事情似乎一件都没有。作为销售人员，你的核心职责就是增加销售额。因此，你这一天是完全失败的。

在销售行业，成功是很容易被量化的。在大多数公司，哪些销售人员成功，哪些不成功，都有各种各样的数据可以证明。当然，达成目标是其中一个数据点。但是，衡量销售人员的指标并不包括"谁工作最努力"。在销售领域，没有人关心你有多努力。就算拿到"最努力的销售人员"的头衔，你也得不到任何奖励。具体的衡量指标是什么，与要达成的目标、获取新客户的阶段或者公司的增长有关。销售人员要想取得成功，只靠努力工作是不够的，还要开动脑筋，聪明地工作。

第一个应该"抛弃"的任务

当销售人员"忙"起来的时候，最先被抛在一边的任务是什么？联系潜在客户！大多数销售人员都害怕这项任务。我在"忙"字上加了引号，因为有些销售人员故意让自己忙起来，以回避联系潜在客户这个任务。毕竟，整天听到人家对你说"不"确实是一件让人感到疲惫不堪的事情，太多的拒绝让你觉得既沮丧又痛苦。正因为如此，只要有其他任务出现，销售人员就会马上跳过联系潜在客户的任务。在那一刻，你避开了联系潜在客户的痛苦，你可能还为此感到高兴。但几周以后，几个月以后，你的销售管道恐怕会变得像撒哈拉沙漠一样干涸，到那时你只会更加痛苦。

联系潜在客户这项任务应该一直在你的脑海中占据首要位置。为此，你要采用一个与众不同的优先级管理策略。你要专门安排时间给潜在客户打电话，把这项任务写在日程表上，就像对待任何一个重要约会一样。每次给潜在客户打电话的任务时间都不应该超过两个小时，这样你才能在整个过程中都保持头脑清醒。两个小时后，许多销售人员会感到疲劳，导致效率降低，因此我建议不要超过这个时长。

在给潜在客户打电话期间，不要翻看电子邮件或短信，也不要接听电话。在这两个小时之内，你只做与潜在客户沟通有关的活动，不要做其他任何事情。你只允许做两项活动：给潜在客户创建／发送电子邮件和给潜在客户拨打电话，其他事情一概不做。把你的手机调到"请勿打扰"状态，远离电子邮件收件箱，专注于联系潜在客户这项重要活动。

要使联系潜在客户的工作富有成效，关键在于**在开始之前准备好一张要联系的潜在客户名单**。安排专门的任务时间是为了向潜在客户发邮件、打电话，而不是为了研究和考虑要联系哪一个潜在客户。

当然，你可能会变得"很忙"，但是联系潜在客户这项任务是一定要完成的，绝不能取消。如果有重要的工作冲突，比如跟客户开会，联系潜在客户的工作也可以在同一周内重新安排时间。顶尖销售人员不会取消联系潜在客户的任务；他们一定会想方设法将其完成。如果你将这项任务延后，你的成功也会被延后。收到丰厚提成这件事情应该没有人愿意延后吧！

医生的任务管理

去看医生的时候，你有没有注意到，在你进入诊室时，医生已经为诊治任务做好了充分准备？接待员已经安排好预约，将你的保险信息录入系统，诊治之后会处理你的付款。护士已经记录好你的病史，给你量了血压，称了体重。医生在你身上花的时间是非常集中的，因为其在进来之前已经得到了诊治所需的全部数据。

医生不给病人称体重，因为他们拥有很高水平的专业技能，给病人称体重只会浪费他们的时间。他们知道时间的价值，专注于每分钟的回报。他们只执行需要使用专业技能的任务。他们的目标是用尽可能少的时间对病人进行有效的诊治。当然，他们不会让病人感到匆忙，但他们确实充分利用资源，对病人的全部就医体验进行了有效管理。

虽然医生不给病人称体重，但接待员也不给病人诊治，因为接待员没有医生的从业资格或者专业知识。在实践中，每个员工的具体任务都在各自的专业知识和职责范围之内。哪些人员负责哪些任务，每一家医疗机构都非常清楚。但是，其他商业环境往往缺少这种清晰明了的任务安排。

如果我们在销售行业采取与医疗机构一样的任务管理方法，那会是什么样的情况呢？在销售模式下，"医生"就是销售人员，应该只执行需要销售专业知识和技能的任务。"护士"和"接待员"是公司里的其他人员，不需要拥有销售人员所具备的那种技能水平，负责执行其他必要的任务。其他必要的任务也需要完成，但不应该由"医生"来完成。

销售人员的核心目的是创造收入，这也是他们拿工资的原因。然而，管理层有时候忘记了这个核心目的，给销售人员安排了分散他们注意力的任务，导致他们无法专注于创造收入。

这不仅仅是一个管理问题，销售人员自己也并非全无过错，因为他们会自愿承担一些不应该承担的任务。这也是可以理解的，毕竟几乎任何事情做起来都比寻找潜在客户更加有趣。

在公司任职时间较长的销售人员往往会落入这个陷阱。他们知道如何解决客户问题，所以他们就自己来处理这些问题，而不是交给"护士"和"接待员"。当然，解决了问题，销售人员会产生一种成就感，但这样做会对他们未来的成功造成什么影响呢？他们亲自处理客户问题，说明他们没有在"医生"任务上投入足够的时间。遗憾的是，这些时间已经永远失去，再也无法挽回了。

客户问题可以交给其他人员解决。销售人员如果插手，就会造成"客户问题真空"。这样一来，公司里人人都知道，如果客户有什么问题，销售人员就会去解决，其他人就会把所有问题都交给销售人员来处理。如果出现这种情况，那就是"医生"在履行"护士"和"接待员"的职能，"医生"的职能就没有人履行了。对公司来说，这种情况的成本是非常高昂的，而且这是一个无休止的循环。

对于陷入这种困境的外部销售人员，我的建议是不要留在办公室里。如果你不在办公室，公司就只能在没有你参与的情况下解决这些问题。如果你不能离开办公室，那就以适当的方式推掉这些任务，使它们不再成为你的工作职责。

管理层有责任确保销售人员的每一分"医生"时间都是明智的投资。管理层也有

> 管理层有责任确保销售人员的每一分"医生"时间都是明智的投资。

责任监督这些"医生"，确保他们不会落入"护士"和"接待员"的陷阱。否则，他们就会变成昂贵的客服代表。"医生"需要专注于最重要、最有价值的任务，也就是与创造收入有关的任务。如果"医生"没有为公司创造收入，那就没有人能够创造收入了！

销售任务优化

有一个方法可以避免发生"医生"执行"护士"和"接待员"职责的失误。你可以列出与获取新客户、留住客户、发展客户有关的所有任务。从寻找潜在客户开始，一直到客户服务和客户管理，把所有职责都列出来，制作一份类似于下面的任务清单。

- 制定需要联系的潜在客户名单。
- 调查潜在客户的情况。
- 对潜在销售机会做战略分析。
- 对现有客户做战略分析。
- 制定追求客户的策略。
- 给潜在客户打电话。
- 挖掘销售线索。
- 识别潜在合作伙伴。
- 与潜在合作伙伴建立关系。

- 与行业伙伴进行业务开发。

- 参加贸易展的展位活动。

- 接收外来销售线索。

- 向现有客户追加销售。

- 向现有客户交叉销售。

- 挖掘推荐线索。

- 安排需求调研会议。

- 举行需求调研会议。

- 为潜在客户制定解决方案。

- 针对潜在客户制作小组演示文稿。

- 针对决策影响者修改小组演示文稿。

- 向决策影响者进行小组演示。

- 主持决策影响者访问。

- 主持客户访问。

- 进行系统演示。

- 解决交易障碍（如关切、异议、拖延）。

- 主动提出交易。

- 撰写提案。

- 处理推荐人需求。

- 制定定价方案。

- 回复需求方案说明（RFP）。

- 在客户关系管理系统创建客户账户。

- 在客户关系管理系统更新客户信息。

- 在客户关系管理系统预测交易。

- 管理新客户的激活流程。

- 在系统中设置新客户。

- 提供客户服务。

- 提供客户管理。

- 对客户进行盈利性分析。

- 开发票。

- 寄送发票。

- 管理客户的应收账款。

- 分析竞争对手。

- 预订差旅。

- 完成提成报告。

- 创建客户案例研究。

- 制定一份推荐人名单。

在列出一份总任务清单后，下一步是为"医生""护士""接待员"三种角色分配任务。一项任务也可能被分配给一种以上的角色，但这应该是例外，而不是常规。

- "医生"任务是需要**最高**水平的销售 / 技术知识和技能的任务。

- "护士"任务是需要**中等**水平的销售 / 技术知识和技能的任务。

- "接待员"任务是需要**最低**水平的销售 / 技术知识和技能的任务。

虽然我说过销售人员的角色是"医生"，但并非总是如此。我有一个做虚拟销售的客户，"医生"就是他们的解决方案工程师。他们有初级销售人员，其主要职责是按不同的要求安排虚拟会议，使解决方案工程师能够充分发挥作用。对他们的公司来说，解决方案工程师的时间是最有价值的，他的每一分钟都需要仔细管理。换言之，他必须随时能够从一个虚拟会议房间"走"到另一个虚拟会议房间。销售人员要帮助他为虚拟会议做好充分准备，使他能够在最短的时间内进行高效的会议。

如果你是公司经理，读到这里，我鼓励你来分配任务，把任务计划分享给各个团队。这样做可以确保每个人都清楚自己在获取新客户、留住客户、发展客户方面的主要职责。在设计这个任务管理计划时，为了便于理解，我使用了医院里的角色来做比喻，但我不建议把这个比喻写在公司内发布的文件里。分配到"护士"或"接待员"角色的人员可能会感到被冒犯，觉得公司认为他们不如那些"医生"重要。我之所以用这个比喻来讨论任务管理，主要是为了阐明每个人应该完成什么任务。

如果你是销售人员，读到这里，你应该用那份任务清单来挑战自己，完成自己必须参与的任务。公司的管理团队可能已经给你分配了"护士"或"接待员"角色的任务。然而，销售人员可能在执行不该由他们执行的职责，但管理层没有意识到这个问题，这样的情况时有发生。你可以用这份任务清单提醒管理层，让他们知道哪些任务分散了你的注意力，从而将那些任务交给公司其他人员，让你能够专注于只有你才能完成的关键销售任务。

采用优先级管理策略的主要目的是使销售时间的每一分钟都能实现最大价值。你自己负责完成你的任务，让其他人处理"不是你"的任务。善于利用资源的销售人员会将自己的每一分钟都用来提高业绩。他们是赚钱最多的人，你也会成为他们其中之一！

本书中的概念之优先级管理

　　每一天的每一分钟都需要明智地投资，使销售时间、业绩和收入都能实现最大化。

| 第 15 章 |

优秀销售人员的精进策略

无数的文章、图书等都拿销售人员和职业运动员进行比较。他们说:"销售人员是商业界的运动员。"我相信你一定听过类似的说法,也能理解为什么这两个群体经常被拿来相互比较。两者都决心坚定,以目标为导向,而且有强烈的求胜欲望。然而,他们之间有一个明显的区别,但很少有人谈及。

职业运动员投入大量的时间学习知识和技能,学习的基本目标是达到掌握或精通水平。他们要成为自己所在运动领域的冠军。为此,他们每天投入大量的时间参加训练,而且日复一日、年复一年地持续改进和完善自己的专业技能。他们知道,只有练就强大的肌肉记忆,才能在竞技场上取得成功。在比赛中,职业运动员没有时间思考。他们的动作必须分毫不差,才能发挥出最佳水平。如果没有长期投入大量的时间训练,那是不可能做到的。他们在赛场上的优异表现其实都是汗水积累的结果。

职业运动员还知道,他们的竞争对手也在进步,每天都在变得更加强大、更难对付。如果他们不提高自己，竞争对手就会把他们甩在身后。他们是自己所从事的运动项目的学生。他们会仔细研究自己的比赛录像，寻找竞争优势。他们永远都在寻找提高竞技水平的方法。

错误的比较

拿销售人员类比职业运动员有一个站不住脚的地方。职业运动员投入时间和精力来提高自己，为参加比赛做好充分准备。然而销售人员一遍又一遍地重复同样的做法，还幻想每一次能比上一次做得更好。这是一个重大的区别。正是这个区别让两个群体之间几乎不存在可比性。

在与销售人员交谈时，我经常听到他们谈论正在努力争取的交易，但很少听到他们说起为成为更优秀的销售人员所付出的努力。当他们无法敲开客户的大门或者在竞争中输掉订单的时候，他们并不认为自己需要改进，反而很快就将失败抛在脑后，继续寻找下一个机会。我不是说他们遇到失败时应该变得消沉，而是说他们应该采取行动去拓展自己的知识和技能。

我的一个长期客户是一支享有盛名的小联盟棒球队。有一年夏季，我去拜访球队的棒球训练场，球队老板带着我参观场地。那是一个炽热的夏日，温度大概超过 37.8℃。在训练场上，4 名捕手穿着全套装备，正与教练一起研究如何在泥土里阻挡投球。他们冒着酷热，每天从早到晚都在室外训练。我敢说，那天仅仅是流下的汗水就可以让他们减重 10 磅。

为什么他们要在那么艰苦的条件下努力学习挡球技能呢？想象一下，在一场棒球比赛中，双方打成平局，到了第九局的下半场，此时只要跑者抵达三垒便可获胜。结果，投手投球失误，把球扔到了泥土里。在那一刻，捕手没有时间去考虑如何挡球。他的身体必须做出自动化反应，否则比赛就输了。

在参观棒球场时，我们经过球队的销售团队办公室。办公室里有空调，销售人员舒舒服服地坐在里面工作。他们正在给买家打电话销售赛季票和套票。我问他们有没有像球场上的球员一样投入时间来"提高自己的销售技能"，你可以想象一下我得到什么样的回答。那是死寂般的沉默。

销售人员不对自己投资，这种现象十分普遍，并非这个销售团队独有。我发现，除了参加"销售比赛"，大多数销售人员都没有投入足够的时间来提高自己的销售技能。就像体育运动一样，"销售比赛"也没有重来的机会。如果你"搞砸"了一个销售电话或方案演示，比赛就结束了，你已经输了！

> 我发现，除了参加"销售比赛"，大多数销售人员都没有投入足够的时间来提高自己的销售技能。

你是销售领域的"职业选手"吗

马克·库班（Mark Cuban）是一位白手起家的亿万富翁（也是参加真人秀《创智赢家》的明星和 NBA 达拉斯小牛队的

老板）。他有句话说得很好："一定要拼命训练，拼命到仿佛有人每天 24 小时都在拼命夺走你的一切一样。"当然，这是职业运动员的觉悟，那么销售人员呢？大多数销售人员都没有库班所说的那种紧迫感。

我所说的"职业选手"是指在自己选择的领域不断精进技能的人。"职业选手"是一个愿意对自己投资，努力让自己做到最好的人。职业运动员都是这样做的，那么你呢？你称得上职业销售人员吗？你赢得这个称号了吗？如果你渴望成为最优秀的销售人员并为此投入时间，那么这个问题的答案就是肯定的。也就是说，你要采取一个与众不同的技能精进策略。

如果一个职业运动员在专业技能上存在"差距"，他就会投入时间和汗水来消灭这个差距。失败是可怕的！失败的滋味是那么令人痛苦。职业运动员为准备比赛花费那么多时间，却只因分毫之差而落败，那是完全不可接受的。要是果真失败了，他们就会重整旗鼓，加倍努力地投入训练。他们绝不会只是祈祷下一次能表现得更好，但许多销售人员恰恰只是祈祷。他们不应该因为失败而感到心烦意乱，但他们应该知道，遭遇失败意味着他们自己需要改进，而且要马上采取行动。

许多职业运动员自掏腰包，聘请教练帮助他们进一步提高竞技水平，但没有多少销售人员有这样的打算。我听到不少人说："如果我的公司想让我提高销售业绩，可以花钱找一个销售教练给我培训啊。"这句话听起来就像钉子划过黑板的声音一样刺耳。你的成功不是公司的责任，而是你自己的责任！这是你自己的事业。不要等到你的公司发现你有问题才去改进。行动起来，今天就行动起来！你要为自己的收入负起责任。

罗布（Rob）是纽约一家会计师事务所的一位主管。他正是为自己的职业生涯负起责任的最好例子。去年夏天，他读了我的作品《差异化营销》。虽然他从事会计工作，但他的工作职责也包含业务开发，那时候他正为此感到苦恼。读完《差异化营销》后，他主动跟我联系，想从我这里得到更多帮助。他在交谈中告诉我，他在10个月的时间里总共谈了8笔交易，结果一笔都没谈成。他还提到，由于他业绩欠佳，未能表现出获取新客户的能力，他成为合伙人的目标也可能无法实现。

在大多数会计师事务所，如果你不能带来新客户，那就很难升任合伙人。虽然罗布离这个目标只有一步之遥，但他仍然难以跨越这一步。我向他介绍了一个销售辅导课程的培训范围和费用。令我惊喜的是，他愿意自掏腰包参加这个培训辅导课程。

在接下来的3个月里，我们先针对他的销售方法专门为他制定了各种策略，然后便是练习、练习、练习。结果，罗布的成功来得很快。在辅导课程结束后不到几个月里，他就以理想的价格拿下了16笔订单（这个数字还在上升），他也如愿以偿，晋升为事务所的合伙人！更令人赞叹的是，很多订单是他在疫情时纽约市封城期间拿下的，因为很多新客户就住在纽约市。在封城的这段时间里，许多销售人员都不敢出去做销售，而他在全力以赴地争取新客户。

直到今天，每次达成一笔交易，罗布都会给我发一条短信，里面只有寥寥几个字："我又签约了。"每次收到他的短信，我都会感到很开心。我是真的替他感到高兴。

罗布的故事还没有结束，更精彩的部分还在后面。他在开始拿到订单后，与事务所沟通，希望事务所能分担辅导课程的费用，事务所同意了。而且，事务所非常赞赏他追求精进技能的态度和优异表现，所以主动提出给他报销辅导课程的全部费用。这笔钱其实花得一点儿也不亏，因为在很短的时间内，罗布帮事务所赚到的钱是辅导课程费用的 15 倍以上。我有许多取得成功的客户，他的成功故事是我最喜欢的一个。罗布的成功应归功于他自己，他在工作中投入了大量的时间和精力，终于让自己梦想成真！

告别角色扮演

对职业运动员来说，花时间提高竞技水平的过程被称为训练。在销售行业，这个过程通常被称为"角色扮演"训练。我不支持角色扮演训练，销售人员也讨厌这种训练，而且不会认真对待。如果销售经理要安排销售人员参加角色扮演训练，"角色扮演"这几个字一说出口，销售人员就会躲得远远的。大多数人宁愿去做根管治疗也不愿意参加角色扮演训练。

然而，销售人员确实需要增加知识，提高技能水平。他们需要塑造强大的销售肌肉记忆。虽然我不相信角色扮演训练的作用，但我喜欢"技能训练"这个概念。培训课程真正要做的就是"技能训练"。"角色扮演"的说法并没有传达出训练的重要性。职业运动员在参加训练的时候会模拟比赛的情景。模拟比赛训练能够帮助他们强化肌肉记忆，在比赛时才能够发挥出最佳竞技水平。世界上任何一个职业运动员都会投入大量时间进行训练，绝不会打无准备之仗。遗憾的是，许多销售人员打的都是无准备之仗，没有经过训练就走上了赛场。他们今天所做的销售拜访还是跟几年前一样，没有一点儿进步。

这不仅仅是训练问题。正如小文斯·隆巴迪（Vince Lombardi Jr.）所说："训练不能造就完美的表现。完美的实践才能造就完美的表现。"在销售培训课堂上，我见过不少销售人员在技能训练时表现不佳，还试图为自己的糟糕表现找借口。他们说："在同行面前做这些事情好难啊。"其实一点儿也不难。不做好准备就去见决策影响者，那才是真的难。你在技能训练课上都无法做到，那就说明你根本没有做好参加销售竞争的准备。不要找借口！一定要提高销售技能！

一个已经站在击球区等待的职业棒球运动员不可能还在思考双脚的摆放、手的高度、头的位置和挥棒的路径。在一瞬间，这些身体部位要协调一致地动起来，这样运动员才能以完美的动作把球打出去。

对销售人员来说也是如此。在进行销售拜访的时候，如果你还在犹豫要问什么问题、说什么话，你就无法专心聆听买家在说什么。这不是思考问什么问题、说什么话的时候。如果你没有将注意力全部集中在与买家的对话上，你就一定会被三振出局。销售拜访的技能在哪里学？在技能训练课上。

想象一下，你去做销售拜访，跟一位高管见了面。可是，你的每一步都在出错，在电梯演讲时磕磕巴巴，在阐述差异化优势时漏洞百出，在回应买家关切时也答非所问。如果销售人员真正投入资源来提高自己，这些错误就根本不可能发生。他们甚至连想都不用想，就知道销售拜访的每一步应该怎么做。那是"销售肌肉记忆"在自动化反应，使他们能够完全专注于买家。

我不是说你应该热爱技能训练课。我们都不喜欢训练课，就像小朋友不喜欢某种蔬菜一样。许多职业运动员也非常讨厌训练课。但是，就像妈妈让你吃蔬菜是因为蔬菜能让你的身体变得更强壮一样，你也需要参加这些课程，让自己变成一个更出色的销售人员。你大可尽情咒骂那些技能训练课程，但到了发薪日，你会为自己参加了技能训练课程而感到庆幸！

永远不要停止学习

职业运动员可能需要训练几个月，甚至几年，才能取得一点点进步。这是他们与销售人员的另一个区别。销售人员几乎瞬间就可以取得进步。此刻你正在阅读本书，说明你已经意识到提高自身能力的重要性。事实上，意识到这一点的销售人员并不多，你应该为此受到表扬。不过，考虑到这是本书的最后一章，我想问你一个问题：

读完这本书，你接下来打算怎么做？

我确实希望阅读《差异化销售》是一个令人愉快的过程，但"令人愉快"并不是我撰写这本书的目的。我希望你能利用我在书中介绍的工具，做一些有意义的事情，使你的销售能力有所提升。我建议你把本书从头到尾再浏览一遍，看看哪些章节适合你，将包含重点内容的页面折角，做个记号。你不可能马上就能运用书中介绍的所有概念和策略。那是不现实的，而且也会让你产生不必要的挫败感。

本书每一章都介绍了一个差异化销售策略。要掌握好这些策略，最好的方法是每次学习一章，然后将这一章介绍的策略运用到销售工作中，而且要反复练习。有句老话说："业余选手训练要一直练到正确为止；职业选手训练要一直练到出错为止。"以这种方式将每一个策略都运用起来，相信你的业绩表现一定会得到明显提升。让本书介绍的每一个差异化销售策略都成为你的成功法宝。

读完本书，你的学习之旅也不要停下来。要继续阅读其他销售书籍和博客文章，观看销售视频，仔细研究你的竞争对手，全面掌握各个买家的动态，做一个销售竞技场上的好学生。要不断挑战自我，每天比昨天更进一步，使自己成为更优秀的销售人员。最重要的是，一定要用与众不同的方法做销售！

本书中的概念之技能精进

投入时间来学习和提升技能，使自己成为更优秀的销售人员。

本书概念一览

1. 购买体验

真诚地让每一个买家感到自己很特别，仿佛他是唯一的决策影响者。

2. 客户开发

成功的客户开发策略必须两面兼顾，既要保证质量，也要保证数量。

3. 业务开发

"如果你是我"策略通过利用已有的客户关系，帮你找到更多让你赚钱的客户。

4. 客户推荐

要获得被动推荐线索，只需要依靠产品性能即可。但要开发主动推荐线索，销售人员需要制订一个妥善周全的计划，而且要在恰当的时候用正确的方法向客户提出推荐请求。

5. 虚拟销售

调整新客户获得流程、掌握技术工具是虚拟销售取得成功的两大关键。

6. 导师销售

要想以理想的价格赢得更多交易，你一定要找到一位坚定支持你的解决方案、对决策过程具有巨大影响力的导师，而且要指导他在公司内部推销你的解决方案。

7. 需求调研

全面深入的需求调研是推动订单前进并以理想的价格拿下订单的重要基础。

8. 定价

你要努力争取的客户和决策影响者必须能看到你的产品的重要价值，而且能够创造预算而不是受制于预算。

9. 客户激活

客户激活是一个起桥梁作用的项目，项目的计划是一份客户激活流程文档，能够将买家当前面临的状况与你的解决方案连接起来，消除他们对变化的恐惧。

10. 试点项目

组织良好的试点项目可以解决买家的信任问题，使他们对你公司的履约能力产生信心。

11. 邮件回顾

邮件回顾策略能够向客户表明你真正对客户感兴趣，帮你从竞争中脱颖而出，让你的交易按计划顺利推进。

12. 征服客户

通过向现有客户销售你公司的全部产品和服务，可以消除客户组合的漏洞，提高对现有客户的销售收入。

13. 客户管理

客户管理是你在销售产品之外向客户主动提供的规定性价值，目的是给客户创造愉悦感，从而使客户延长合同，帮助公司增加收入，提高利润。

14. 优先级管理

每一天的每一分钟都需要明智地投资，使销售时间、业绩和收入都能实现最大化。

15. 技能精进

投入时间来学习和提升技能，使自己成为更优秀的销售人员。

ACKNOWLEDGMENTS | 致谢

许多人为《差异化销售》的创作贡献了力量。对于他们的
慷慨相助，我将永远心存感激：

- 堪萨斯州立大学国家战略销售研究所特聘讲座教授、所
  长道恩·迪特尔·施梅尔茨。
- 明尼苏达大学销售领导力与教育中心执行主任托德·威
  廉斯。
- 沃尔特斯垃圾回收有限公司 CEO 迈克·莫洛兹。
- 我的妻子、才华横溢的编辑莎伦·萨尔茨。
- 我的母亲、卓越非凡的编辑迈拉·萨尔茨。
- 前途无量的校订编辑路易斯·格林斯坦。

感谢我的所有客户及其销售团队，感谢他们对我的差异化
销售理念深信不疑并将其付诸实践，他们也因此能够以理想的
价格拿到更多订单。

感谢杰克·戴利为《差异化销售》赐序。

经典销售书系

作 者：[美] 马修·狄克逊（Matthew Dixon），布伦特·亚当森（Brent Adamson）
译 者：唐兴通 徐 欣
ISBN：978-7-5722-7931-7

作 者：[美] 尼尔·雷克汉姆（Neil Rackham）
译 者：谭 群
ISBN：978-7-5722-7920-1

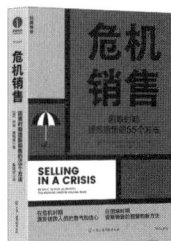

作 者：[美] 杰布·布朗特（Jeb Blount）
译 者：张建宇
ISBN：978-7-5043-9193-3

作 者：[美] 杰布·布朗特（Jeb Blount）
译 者：韩永清 贾惊涛
ISBN：978-7-5722-7366-7

作 者：[美] 汤姆·伯德（Tom Bird），杰里米·卡斯尔（Jeremy Cassell）
译 者：吴翠萍
ISBN：978-7-5722-7806-8

作 者：[美] 布伦特·亚当森（Brent Adamson），马修·狄克逊（Matthew Dixon）等
译 者：高 辉 贾津杰 王鸿妍

作 者：[美] 汤姆·麦克马金，雅各布·帕克斯
译 者：欧阳小珍 童建农
ISBN：978-7-5454-8102-0

作 者：付遥
ISBN：978-7-5043-9068-4